JN126818

未来を拓く
ESG
地域金融

持続可能な地域社会への挑戦

家森信善 編

はしがき

　2020年初頭から拡大した新型コロナウイルス感染症の影響を受けて、外食・観光産業などを中心にして売上高が急減し、経営困難に陥った中小企業が少なくなかった。幸い、政府による各種の支援策によって企業倒産の急増といった事態は回避することができてきた。ようやくポストコロナの社会経済を見通せる状況になってきたものの、これまで資金繰りを可能にしてきたいわゆるゼロゼロ融資の返済も本格化してきており、大きな債務を抱えている企業は本業の収益力を回復させなければ、返済困難に陥る恐れが強い。こうした中で、地域金融機関には地域企業に伴走して、中小企業の経営改善の努力を支える役割が期待されている。

　従来から、多くの地域金融機関は顧客企業の強みや弱みをしっかり把握して、それに応じた支援や融資を行っていくことに注力してきた（これを事業性評価と呼ぶ）。近年、環境（E）、社会（S）、ガバナンス（G）の要素を無視しては、企業の事業性評価を適切に行うことは難しくなっている。そのことは多くの金融機関が認識しているが、これまでに社内で育成してこなかったノウハウである。しかも、ESGについての取り組みは何が適切かについても常にアップデートしていくことが求められている。たとえば、太陽光パネルをとり付ければ環境対応として無条件に評価された時代から、太陽光のパネルの設置場所や最後の廃棄の在り方などまで評価の対象になってきていることが一つの例であろう。

　こうした中で、神戸大学経済経営研究所と尼崎信用金庫は、2022年度から「ESG要素を考慮した事業性評価の深化を通じた地域における事業者支援態勢構築の推進」をテーマにした共同研究を行ってきた。尼崎信用金庫は、2022年度の環境省のESG地域金融促進事業にも採択され、地域企業や社会の持続的な成長を実現していくために、作田誠司理事長の強いリーダシップのもとで、ESGの観点から取引先企業の事業性を評価できる体制の構築に取り組んでこられ、神戸大学経済経営研究所はその取り組みに対して助言を行ってきた。

そして、2023 年 5 月 24 日に、その成果の中間発表会として、神戸大学出光佐三記念六甲台講堂においてシンポジウム「地域の持続的発展と金融機関の役割－ESG 地域金融の取り組み」を開催した。会場への参加者は、コロナ禍への配慮から上限とした 150 名に達し、オンライン参加者も約 250 名と非常に多くの方に参加していただくことができた。より多くの方に我々の研究成果を届けるために、神戸大学出版会から出版することにした次第である。これらのシンポジウムの模様は、本書の第 II 部に収録している。

　本書の第 I 部は、一般財団法人・アジア太平洋研究所（APIR）の「ポストコロナを見据えた地域金融の課題」研究会の研究成果から、本書のテーマに相応しいものを収録している。家森は APIR の上席研究員を務めており、2022 年度には、関西地域の地域金融機関の事業性評価の能力を質的に向上させ、最終的には、関西地域の中小企業の事業の持続的な発展の実現に資することを目指して ESG 地域金融、特に環境への取り組みに関して研究を行った。研究についてご助言いただいた APIR 研究統括の本多佑三先生や、事務局を務めていただいた今井功 APIR 総括調査役に感謝したい。

　神戸大学経済経営研究所では、2023 年 4 月に地域共創研究推進センターを設置し、地域社会の課題を解決するために地域の様々な皆様と共同研究を行っている。同センターの活動は、令和 5 年度神戸大学「地域連携事業（組織型）」に採択されている。本書の刊行もそうした共同研究や神戸大学社会システムイノベーションセンターからの財政支援によって可能になった。関係者の皆様に対して感謝を表したい。

　2024 年 1 月

神戸大学経済経営研究所教授
同地域共創研究推進センター長

家森　信善

目　次

第Ⅰ部　ESG地域金融の内外の取り組み

第1章　ESG 地域金融の取り組み

第2章　地域の金融機関が脱炭素化へ取組む効果

　　　　司会：家森信善（神戸大学経済経営研究所教授・
　　　　　　　　　　　　　同地域共創研究推進センター長）

　　　　パネリスト（五十音順）：
　　　　　今井亮介　　（環境省大臣官房環境経済課環境金融推進室長）
　　　　　作田誠司　　（尼崎信用金庫理事長）
　　　　　竹ケ原啓介　（株式会社日本政策投資銀行設備投資研究所エグゼク
　　　　　　　　　　　　　ティブフェロー、兼副所長、兼金融経済研究センター長）
　　　　　古川直行　　（兵庫県信用保証協会理事長）
　　　　　宮口美範　　（阪神北県民局長　前兵庫県産業労働部次長
　　　　　　　　　　　　　神戸大学客員教授）

第Ⅰ部

ESG地域金融の内外の取り組み

第1章

ESG 地域金融の取り組み[#]

神戸大学経済経営研究所教授　家森 信善

1. はじめに

　ポストコロナ禍において、地域企業が持続的に発展していくためには、環境、社会に対して配慮した経営（サステナビリティ経営）を行っていく必要がある。わかりやすい例で言えば、稚魚を根こそぎ収穫してしまうような漁業では短期的には漁獲高は増えるとしても、長期では当該魚の漁獲高が減るのは自明であるし、生物多様性が失われた結果として、他の魚種や海産物にも悪影響が出る可能性が高い。

　このような事例なら明確であるが、現実のビジネスにおいては、具体的にどのような取り組みが必要なのかはよく分からないことが多い。実際、後述する企業アンケートでもそのような声が多い。そうしたときに、頼れる支援者として地域金融機関の役割がクローズアップされるのである。本章では、こうしたサステナビリティ経営を実現していくための地域企業の取り組みを促進するような地域金融機関の活動を ESG 地域金融（あるいは、サステナビリティ金融）と呼ぶことにしたい。

　近年、金融行政においても、サステナビリティファイナンスの推進は重要な政策課題となっている。たとえば、『金融行政方針　2022』において、「サステナブルファイナンスの推進」として、従来中心的な部分であった金融市場関連の取り組みに並んで、「金融機関の機能発揮」として、様々な政策的な取り組

[#]　本章は、アジア太平洋研究所「地域金融プロジェクト」の報告書掲載の拙稿（家森 [2023]）を元にしている。

み方針が示されている。その中の主なものとしては、次のようなものがある。

- 企業や金融機関による、2050年カーボンニュートラルと整合的で科学的な根拠に基づく移行計画の策定と着実な実践に資するよう、検討会を設置し、関係省庁と連携して企業と金融機関の対話と実践のためのガイダンスを策定する。これに向けて、G20サステナブルファイナンス作業部会の成果物も踏まえ、温室効果ガス排出量削減に係る道筋の具体化を進める内外の金融機関・投資家との間で、信頼性のある移行計画のあり方につき議論を深めるほか、海外の先行事例の調査・分析も行う。

- 「金融機関における気候変動への対応についての基本的な考え方」（2022年7月）も活用し、それぞれの金融機関の規模・特性も踏まえつつ、足もとでの気候変動対応への取組状況について、対話の中で丁寧に把握し、更なる取り組みを進めていく上での課題を特定していく。その上で、リスク管理や顧客企業への支援に係る情報提供・ノウハウ共有などを通じて、金融機関の取り組みの高度化を促していく。

- また、地域金融機関による企業支援のため、関係省庁・地方部局とともに、企業の業種・規模・エネルギー使用量等に応じた課題と対応策・支援策を分かり易くマッピングし、地域の関係者に浸透を図る。あわせて、金融機関による企業支援の取組事例と現場の課題を収集し、面的な対応につなげる。

- 日本銀行とも連携し、2021事務年度におけるパイロットエクササイズで明らかとなった課題を中心に、参加金融機関とシナリオ分析の改善に向けた議論を進めるとともに、次回に向けた枠組みの検討を行っていく。

- FSB（金融安定理事会：Financial Stability Board）において気候関連リスクに対応するための金融機関の規制・監督手法に関する議論が進展している[1]。2022年10月に開催予定のG20財務大臣・中央銀行総裁会議への報告に向け、わが国の金融機関による、事業者へのトランジション支援事例を紹介する等により、議論の発展に貢献する。

1　FSBは、金融システムの脆弱性への対応や金融システムの安定を担う当局間の協調のために、主要25か国・地域の中央銀行、金融監督当局、財務省などで構成された国際的な組織。

- 国際的な議論も踏まえ、金融機関の気候関連リスク管理に必要なデータや指標に関する実務的な課題やその活用方法などについて検討を進める。
- 気候変動関連データについて、関係省庁と連携し、研究機関等と企業・金融実務家等との協力のもと、気候変動による事業への影響を実務的に把握できる粒度のデータセットやその活用方法、留意点等の取りまとめに向けて議論を進める。
- 自然災害リスクへの対応における保険の役割拡大が重要との指摘を踏まえ、その対応等について、各国監督当局との議論を進める。
- 環境省とともに、地域金融機関による TCFD 開示の質向上と、TCFD 提言の理解深耕を目的とし、「令和 4 年度 TCFD 開示に係る地域金融機関向け研修プログラム」を実施する。

2. サステナビリティ経営を巡る地域企業の意識： 大同生命サーベイの結果から

　本節では、筆者も調査にかかわった 2022 年 9 月に大同生命保険株式会社が実施した大同生命サーベイ「サステナビリティ経営の取組み状況」調査の結果から、中小企業のサステナビリティ経営の状況を把握する[2]。この調査は、2022 年 9 月 1 日〜 9 月 30 日に、全国の企業経営者に対して実施されたもので8,033 社からの回答を得ている[3]。

　まず、図表 1 は、サステナビリティ経営の認知度について尋ねた結果である。名称・内容ともに知っている企業が 42.7%、内容は知らないが名称は知っている企業が 32.6% となっており、中小企業においても認知が広がっていることがうかがえる。

2　本節の分析にあたって協力していただいた、柴本昌彦教授に感謝したい。また、調査の詳細は、家森・山本（2024）で公表している。
3　https://www.daido-life.co.jp/knowledge/survey/202209.html

図表1　サステナビリティ経営の認知度

出所）大同生命サーベイ「サステナビリティ経営の取組み状況」（2022年9月）。

2021年10月にも同様の質問を行っているが、サステナビリティ経営について、名称・内容ともに知っている企業は16%（n=9,383）となっていたことからすると、サステナビリティ経営の認知度は急激に高まっていることがわかる。

図表2は、2022年調査の結果に基づいて、都道府県別のサステナビリティ経営の認知度を順番に並べたものである。もっとも認知度が高いのは島根県であり、長崎県が続いていた。関西圏では、兵庫県が59.3%と全国3位の高い認知度となっており、7位に京都

図表2　都道府県別のサステナビリティ経営の認知度

		2022	2021	改善幅			2022	2021	改善幅
1	島根県	62.2	22.0	40.1	25	宮城県	41.1	10.2	30.9
2	長崎県	61.1	12.4	48.7	26	広島県	40.1	13.3	26.8
3	兵庫県	59.3	17.3	42.0	27	長野県	39.6	16.3	23.3
4	大分県	54.4	14.5	39.8	28	愛媛県	38.6	25.0	13.6
5	鳥取県	52.9	9.0	44.0	29	北海道	37.8	16.0	21.9
6	神奈川県	52.2	16.3	35.9	30	秋田県	36.8	15.2	21.6
7	京都府	51.5	12.8	38.6	31	山梨県	36.7	19.0	17.7
8	富山県	51.2	15.7	35.5	32	千葉県	35.6	11.0	24.6
9	徳島県	50.0	3.8	46.2	33	和歌山県	33.3	18.8	14.6
10	鹿児島県	48.5	8.3	40.2	34	栃木県	32.9	17.4	15.5
11	東京都	48.1	19.7	28.4	35	山形県	32.8	17.1	15.8
12	福井県	47.7	14.7	33.0	36	宮崎県	32.7	10.3	22.4
13	大阪府	43.9	17.2	26.7	37	熊本県	32.4	12.6	19.7
14	滋賀県	43.8	16.7	27.1	38	高知県	31.6	4.5	27.0
15	福岡県	43.4	14.5	28.9	39	青森県	31.0	6.5	24.5
16	福島県	42.9	14.3	28.6	40	奈良県	30.6	11.5	19.2
17	静岡県	42.8	18.1	24.7	41	茨城県	29.3	9.9	19.4
18	岐阜県	42.5	10.8	31.7	42	岩手県	28.9	15.2	13.8
19	香川県	42.5	4.7	37.8	43	岡山県	27.3	11.6	15.7
20	石川県	42.4	16.8	25.6	44	佐賀県	25.8	16.7	9.1
21	埼玉県	42.0	16.9	25.1	45	沖縄県	25.0	17.3	7.7
22	愛知県	42.0	17.4	24.6	46	群馬県	25.0	18.2	6.8
23	山口県	41.7	13.8	28.0	47	三重県	23.9	9.3	14.6
24	新潟県	41.5	12.1	29.4					

出所）大同生命サーベイ「サステナビリティ経営の取組み状況」（2022年9月）の個票データに基づき筆者作成。

府が

府がおり、大阪府も 13 位、滋賀県が 14 位と上位に位置する府県が多い。一方で、和歌山県や奈良県は下位グループに位置している。

　関西圏での認知が急速に高まっているのは、持続可能な開発目標（SDGs）達成への貢献を目指す、2025 年日本国際博覧会（大阪・関西万博）の開催準備が影響しているのかもしれない。ただし、都道府県によって回答者数が少ないために、参考計数として位置づけておきたい。

　図表 3 はサステナビリティ経営の取り組みの状況について尋ねた結果をまとめている。表では、「本業・新規事業に取り入れている」と「取り入れている

図表 3　サステナビリティ経営の取り組み状況

		本業・新規事業に取り入れている	取り入れている（節水・節電、ペーパーレス化等）	今後、取り入れることを検討したい	今後、取り入れればよいかわからない／具体的に何をすればよいかわからない	今後も取り組む予定はない			本業・新規事業に取り入れている	取り入れている（節水・節電、ペーパーレス化等）	今後、取り入れることを検討したい	今後、取り入れればよいかわからない／具体的に何をすればよいかわからない	今後も取り組む予定はない
1	島根県	18.2	30.3	15.2	3.0	33.3	25	東京都	10.2	17.5	18.9	20.8	32.6
2	兵庫県	11.9	33.5	15.9	16.5	22.2	26	北海道	9.7	17.5	21.2	18.9	32.7
3	鳥取県	26.7	13.3	11.1	24.4	24.4	27	大阪府	9.7	17.4	18.5	24.4	30.1
4	徳島県	13.3	26.7	6.7	20.0	33.3	28	熊本県	12.9	14.1	19.0	25.8	28.2
5	富山県	14.6	25.2	15.2	26.5	18.5	29	石川県	10.6	16.3	22.0	19.5	31.7
6	長崎県	16.0	18.4	16.8	16.0	32.8	30	茨城県	7.8	18.2	22.1	20.8	31.2
7	大分県	16.0	18.0	32.0	20.0	14.0	31	高知県	9.8	15.7	17.6	27.5	29.4
8	静岡県	14.1	17.7	16.4	21.8	30.0	32	広島県	6.0	19.3	22.7	16.7	35.3
9	香川県	14.6	16.7	14.6	27.1	27.1	33	愛知県	8.8	16.5	18.7	22.4	33.7
10	福井県	7.1	23.8	17.9	25.0	26.2	34	鹿児島県	8.9	16.3	21.1	23.6	30.1
11	神奈川県	12.0	18.8	13.4	17.0	38.7	35	和歌山県	18.2	6.1	18.2	21.2	36.4
12	京都府	10.7	19.8	25.6	18.2	25.6	36	宮城県	10.8	12.9	26.6	24.5	25.2
13	福岡県	11.4	19.2	14.5	28.0	26.9	37	青森県	5.5	18.2	16.4	36.4	23.6
14	埼玉県	9.4	20.7	16.3	18.6	34.9	38	千葉県	9.2	13.8	10.0	21.3	45.6
15	秋田県	10.0	20.0	26.7	26.7	16.7	39	新潟県	10.9	10.9	17.4	26.1	34.8
16	長野県	10.6	19.0	19.6	27.4	23.5	40	沖縄県	8.7	13.0	13.0	47.8	17.4
17	岡山県	9.9	19.1	13.7	16.0	41.2	41	栃木県	3.1	16.9	16.9	21.5	41.5
18	岩手県	13.2	15.8	23.7	23.7	23.7	42	滋賀県	6.7	13.3	26.7	13.3	40.0
19	山口県	8.4	20.5	20.5	19.3	31.3	43	佐賀県	4.7	15.1	11.6	36.0	32.6
20	岐阜県	9.3	19.4	17.1	31.8	22.5	44	奈良県	8.6	10.3	20.7	13.8	46.6
21	山形県	15.9	12.7	22.2	20.6	28.6	45	三重県	4.7	13.1	18.7	29.9	33.6
22	福島県	8.6	20.0	25.7	18.6	27.1	46	宮崎県	2.3	14.0	32.6	18.6	32.6
23	愛媛県	14.3	14.3	27.0	23.8	20.6	47	群馬県	6.5	8.7	21.7	30.4	32.6
24	山梨県	11.5	16.7	12.8	25.6	33.3	48	全　国	10.4	17.9	18.2	22.3	31.3

出所）大同生命サーベイ「サステナビリティ経営の取組み状況」（2022 年 9 月）の個票データに基づき筆者作成。

（節水・節電、ペーパーレス化等）」の2つの回答の合計の数値の高いものから
並べている。

　関西圏では、兵庫県が2位と高い順位となっている。兵庫県を除くと、京都
府が12位で、大阪府が27位、和歌山県が35位、滋賀県が42位、奈良県が
44位となっており、実施状況で見ると、関西圏の中小企業の取り組みは全国
平均よりも劣っている状況にある。

　つまり、関西の中小企業は、サステナビリティ経営の認知度では全国平均を
上回っているものの、実施状況では全国に劣後しているということになる。積
極的に評価するなら、金融機関などの外部支援者による働きかけが、企業行動
の変容を促す素地はあるといえよう。

　図表4は、地域別にサステナビリティ経営の考え方を取り入れた経営を始
めた時期の状況をまとめた結果である。ここでは、各地域の全回答者に対する
比率で示している。北陸・甲信越での取り組みが先行していたようであり、南
関東（千葉、東京、神奈川）の取り組みがやや遅れている傾向にある。関西地
域は全国平均に近い結果となっている。

図表4　サステナビリティ経営の考え方を取り入れた経営を始めた時期

	今年から	2〜3年前から	4〜5年前から	6年以上前から	回答者数
北海道	4%	14%	4%	5%	215
東北	6%	14%	3%	4%	357
北関東（茨城、栃木、群馬、埼玉）	5%	12%	3%	8%	541
南関東（千葉、東京、神奈川）	4%	12%	4%	6%	1345
北陸・甲信越	6%	16%	7%	7%	563
東海	5%	14%	4%	7%	727
関西	6%	16%	5%	6%	1086
中国	5%	16%	5%	8%	439
四国	5%	18%	6%	6%	194
九州・沖縄	4%	15%	3%	8%	719

出所）大同生命サーベイ「サステナビリティ経営の取組み状況」
　　　（2022年9月）の個票データに基づき筆者作成。

図表 5 は、サステナビリティ経営の具体的な取り組みについて尋ねた回答の結果である。ここでは、サステナビリティ経営を実施しているという企業を分母にして比率を計算している。

　10 地域に分けて見た場合の関西圏の特徴としては、「⑧ 温室効果ガスの排出削減」、「⑩ ペーパーレス化、グリーン購入、商品の簡易包装」、「⑪ 節水（必要最低限の使用、水の再利用等）や節電（必要最低限の使用、再生可能エネルギーの導入等）」、「⑫ 廃棄物・食品ロスの削減、リサイクルの促進」において、10 地域の中で最低比率となっている点である。逆に、10 地域の中で最高比率になっている取り組み項目はなかった。

図表 5　サステナビリティ経営の具体的な取り組み

	①	②	③	④	⑤	⑥	⑦	⑧	⑨	⑩	⑪	⑫	⑬	回答者数
北海道	59%	54%	36%	19%	31%	36%	42%	24%	5%	53%	47%	42%	0%	59
東北	77%	69%	32%	25%	33%	31%	46%	23%	13%	44%	46%	38%	1%	100
北関東	66%	56%	36%	22%	32%	29%	38%	26%	13%	46%	52%	41%	2%	149
南関東	65%	59%	35%	20%	30%	28%	29%	24%	17%	50%	43%	38%	1%	339
北陸・甲信越	69%	69%	36%	24%	36%	37%	38%	26%	13%	48%	44%	37%	2%	206
東海	66%	60%	36%	25%	32%	36%	36%	28%	12%	44%	42%	41%	2%	216
関西	68%	61%	35%	21%	31%	22%	27%	16%	12%	43%	36%	29%	2%	363
中国	68%	60%	35%	28%	32%	27%	41%	20%	8%	53%	42%	36%	2%	155
四国	64%	50%	23%	14%	39%	21%	26%	17%	15%	48%	47%	33%	2%	66
九州・沖縄	65%	58%	32%	21%	36%	25%	35%	25%	12%	43%	45%	36%	2%	212

注）① 従業員の安全・健康への配慮（長時間労働の抑制等）
　　② 従業員の働きやすさ・働きがいの両立
　　③ 女性が活躍できる環境・制度の整備
　　④ 高齢者や障がい者雇用の促進
　　⑤ 商品サービス、工程等の安全性の管理・確保
　　⑥ 環境問題や社会問題（人権・労働問題等）に配慮した、責任のある原材料の調達
　　⑦ 地域社会への貢献（雇用創出、地産地消、地域での活動）
　　⑧ 温室効果ガスの排出削減
　　⑨ 化学物質の削減・管理
　　⑩ ペーパーレス化、グリーン購入、商品の簡易包装
　　⑪ 節水（必要最低限の使用、水の再利用等）や節電（必要最低限の使用、再生可能エネルギーの導入等）
　　⑫ 廃棄物・食品ロスの削減、リサイクルの促進
　　⑬ その他
出所）大同生命サーベイ「サステナビリティ経営の取組み状況」（2022 年 9 月）の個票データに基づき筆者作成。

関西圏は、先に見たようにサステナビリティ経営についての意識は高まっているものの、「⑧温室効果ガスの排出削減」などの実際の取り組みについては十分に浸透していない状況にあると言える。つまり、改善の余地が大きいのである。

図表6は、サステナビリティ経営に取り組むにあたって実際に役立った支援（今後検討される回答者については、希望する支援）を尋ねた回答の結果である。関西地域の選択率が10地域の中の最高ないし最低となる項目は一つもなかった。

ただし、そのことは現状を肯定的に解釈できるわけではない。むしろ、本来多くの専門機関がいる都市部であるにもかかわらず、関西圏での「役立った（希望する）支援はない」が24％もあることは、支援が十分に届けられていない現状を示していると言える。金融機関による支援の拡大の余地が大きいわけである。

図表6　サステナビリティ経営に取り組むにあたって実際に役立った支援

	①	②	③	④	⑤	⑥	⑦	⑧	⑨	⑩	回答者数
北海道	23%	22%	6%	6%	23%	9%	10%	17%	8%	21%	124
東北	36%	27%	9%	8%	23%	14%	12%	14%	8%	15%	278
北関東	28%	32%	6%	5%	20%	11%	10%	11%	4%	24%	326
南関東	24%	21%	9%	5%	18%	11%	11%	13%	6%	26%	711
北陸・甲信越	33%	27%	9%	6%	23%	15%	12%	12%	5%	18%	462
東海	29%	19%	8%	6%	13%	14%	10%	12%	9%	24%	524
関西	24%	23%	5%	5%	18%	13%	12%	10%	9%	24%	792
中国	35%	24%	10%	10%	24%	10%	10%	13%	4%	22%	303
四国	31%	25%	6%	8%	17%	16%	12%	10%	12%	20%	154
九州・沖縄	24%	28%	4%	5%	17%	12%	11%	11%	10%	22%	496

注）①融資や補助金等による支援
　　②顧問税理士・会計士への相談
　　③コンサルティング会社への相談
　　④サステナビリティ経営のソリューション（解決策）を持つ企業の紹介
　　⑤講演やセミナー等による情報提供
　　⑥自社のＰＲ・情報発信に対する支援
　　⑦新たな販路や取引先を開拓するためのイベントやマッチング支援
　　⑧取り組んでいる企業への公的な認定や優遇
　　⑨その他
　　⑩役立った（希望する）支援はない

出所）大同生命サーベイ「サステナビリティ経営の取組み状況」
　　　（2022年9月）の個票データに基づき筆者作成。

図表 7 は、サステナビリティ経営に取り組むにあたっての課題を尋ねた質問への回答結果である。関西圏では「② サステナビリティ経営に詳しい人材が不足」が最も多く、人材面での支援が必要なことがわかる。ただし、関東圏と並んでその比率は低く、大都市部なので外部の専門家が相対的には利用しやすいことを反映しているのであろう。

　一方で、「① 取り組むための資金が不足」はどの地域でも人材に比べて課題とされる比率は低く、サステナビリティ経営の障害としては、重要ではあるが、最大のものではない。とくに、関西圏では 15％ と最も低いグループとなっており、金融支援をいくら充実させても、人材面での隘路が残る限り、中小企業の取り組みは進まないものと考えられる。

図表 7　サステナビリティ経営に取り組むにあたっての課題

	①	②	③	④	⑤	⑥	⑦	⑧	⑨	回答者数
北海道	16%	37%	16%	15%	8%	7%	10%	14%	20%	129
東北	20%	47%	17%	16%	7%	12%	6%	12%	15%	267
北関東	16%	36%	15%	13%	2%	11%	9%	10%	26%	335
南関東	15%	36%	15%	12%	8%	15%	12%	10%	21%	720
北陸・甲信越	16%	47%	20%	17%	5%	16%	9%	8%	18%	458
東海	20%	38%	14%	11%	6%	14%	11%	9%	18%	531
関西	15%	36%	15%	15%	6%	13%	7%	8%	24%	808
中国	18%	48%	16%	17%	4%	10%	7%	8%	20%	313
四国	18%	37%	13%	14%	8%	16%	12%	13%	15%	153
九州・沖縄	16%	43%	16%	14%	6%	11%	9%	9%	17%	495

注）① 取り組むための資金が不足
　　② サステナビリティ経営に詳しい人材が不足
　　③ 適切な相談・提携先が見つからない
　　④（サステナビリティ経営に対する）認知度が低く、社内の理解が得られない
　　⑤（サステナビリティ経営に対する）認知度が低く、取引先等の理解が得られない
　　⑥ 商品・サービスの開発に時間がかかる
　　⑦（新たな商品・サービスの）新規販路の開拓が困難
　　⑧ その他
　　⑨ 課題はない

出所）大同生命サーベイ「サステナビリティ経営の取組み状況」
　　　（2022 年 9 月）の個票データに基づき筆者作成。

最後に、大同生命サーベイでは、サステナビリティ経営に取り組む予定がないという回答者に対して、その理由を尋ねている。その回答結果をまとめたのが図表 8 である。水準は地域によって若干異なるが、各地域とも同様の傾向が見られる。たとえば、関西地域では、「① 取り組むメリットが見いだせない」が 40％ と最も多く、「⑥ 取り組むための知識・人材が足りない」が 27％ で続いている。

サステナビリティ経営普及の支援においては、金融支援や人材支援の提供を検討する前に、まずは、経営者の意識付けが最優先すべき課題であることが確認できる。

図表 8　サステナビリティ経営に取り組む予定がない理由

	①	②	③	④	⑤	⑥	⑦	回答者数
北海道	46%	22%	6%	28%	6%	41%	9%	54
東北	42%	25%	13%	24%	12%	38%	10%	91
北関東	46%	30%	12%	21%	18%	43%	11%	159
南関東	45%	28%	9%	24%	8%	25%	15%	372
北陸・甲信越	36%	28%	15%	26%	13%	38%	13%	157
東海	31%	12%	10%	18%	8%	35%	21%	247
関西	40%	23%	14%	25%	8%	27%	17%	308
中国	40%	18%	13%	24%	7%	32%	11%	136
四国	27%	11%	9%	18%	4%	47%	13%	45
九州・沖縄	35%	17%	18%	20%	8%	33%	14%	177

注）① 取り組むメリットが見いだせない
　　② 取り組まない場合のリスクを感じない
　　③ 取引先や親会社から求められていない
　　④ 自社の事業との関係が薄い
　　⑤ 取り組むための資金が不足している、費用水準がわからない
　　⑥ 取り組むための知識・人材が足りない
　　⑦ その他

出所）大同生命サーベイ「サステナビリティ経営の取組み状況」
　　　（2022 年 9 月）の個票データに基づき筆者作成。

3. 環境省・地域金融ESG促進事業

（1）環境省による金融機関アンケート調査

　環境省では、日本の間接金融中心の金融構造を踏まえて、中小企業のESG の取り組みを地域金融機関が支援することが、地域の持続可能性の向上の鍵になると考え、地域金融ESG促進事業を実施している。

　2022年度調査は、2022年9月～10月に実施され、対象となった509金融機関のうち、355機関からの回答を得ている[4]。

　それによると、ESG金融が「将来的な成長領域であり、資金需要が拡大していく」と見る金融機関は、2020年調査の37%から2021年度に52%に急増し、2022年度はほぼ横ばいの49%であった。また、「金融業務におけるESG やSDGsの考慮に関心がある」金融機関の比率は96%（2021年度94%）にも上っており、金融機関においてESGやSDGsを考慮することは当たり前のことになっていることがわかる。

　しかし、図表9に示したように、事業性評価においてESG要素を考慮しているという金融機関でも、組織的に組み込んでいる金融機関はまだごくわずか

図表9　環境や社会に与える影響等に関する確認・評価のルール化

注）「事業性評価におけるESG要素の考慮を行っている」と回答した金融機関を対象に調査。

出所）環境省（2023）

4　https://greenfinanceportal.env.go.jp/pdf/esg/esg_promotion_program_2.pdf

であり、大半が担当者レベルでの取り組みにとどまっている。

　また、地域や取引先企業の脱炭素への移行（トランジション）を支援するために、①すでに実施されている、もしくは ②実施を検討している取組、についての回答結果は図表 10 のとおりである。「自治体や業界団体、商工会等と連携して、取組について情報共有する場を設置もしくは参加している」との回答が最も多く、「取引先企業に対して関連するコンサルティングを提供している」が続いている。

図表 10　トランジションを支援するための取り組み

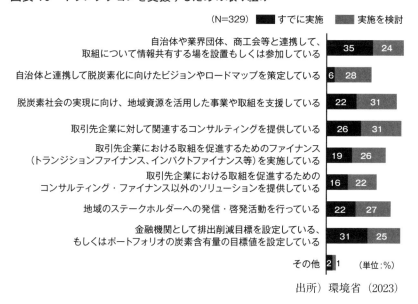

出所）環境省（2023）

（2）関西地域金融機関の地域金融ESG促進事業の採択状況[5]

　図表 11 から図表 14 には、2019 年度から 2022 年度の 4 年分の環境省・地域金融 ESG 促進事業の採択金融機関のリストを掲載している。

5　関西地域の地域金融機関の ESG 金融への取り組みについては、家森（2022b）も参照して欲しい。

2019 年度は、採択金融機関 9 社中、関西圏の金融機関は、大阪信用金庫、みなと銀行、滋賀銀行の 3 社であった。2020 年度は、採択金融機関 11 社中、京都信用金庫と奈良中央信用金庫の 2 社であった。2021 年度は、採択金融機関 12 社中、京都銀行の 1 社であった。そして、2022 年度は、採択金融機関 10 社中、尼崎信用金庫の 1 社であった。2023 年度も尼崎信用金庫の 1 社だけであった。事業が始まってからの 5 年度間で、関西の採択金融機関は 3 銀行、4 信用金庫という実績となっている[6]。

図表 11　2019 年度採択金融機関

鹿児島銀行	バイオマス発電による地域課題解決とエネルギーの地産地消モデル構築事業
滋賀銀行	焼却炉建設兼廃棄物発電計画
栃木銀行	地域資源利用の省エネルギーハウス農業
広島銀行	自動車関連サプライヤーに対する ESG 要素を考慮した事業性評価の導入
みなと銀行	埋めない、燃やさない低炭素型プラスチック循環プロジェクト
大阪信用金庫	中小ものづくり企業のエコアクション 21 サポート
東和銀行	福祉施設と温浴施設が連携した薪製造・薪ボイラー導入による地域コミュニティ活性化事業
西日本シティ銀行	豪雨災害対策事業に対する ESG 要素を考慮した事業性評価の導入
福岡銀行	畜産農家の豚糞尿を原料としたバイオガスプロジェクト

出所）第 1 次採択　https://www.murc.jp/news/information/news_190902_1/
および第 2 次採択　https://www.env.go.jp/press/107315.html

図表 12　2020 年度採択金融機関

岩手銀行	地域でヒト・モノ・カネを回す域内循環モデル構築事業
愛媛銀行	養殖漁業に対する ESG 要素を考慮した事業性評価の導入及びモデル構築事業
京都信用金庫	アフターコロナにおける ESG 金融の実践を通じた地域エコシステムの構築事業
きらぼし銀行	知的資産経営導入プロジェクト取組先への ESG 要素を考慮した新たな事業性理解の実現
東和銀行	医療・福祉施設を対象とする「災害対応型の太陽光発電・蓄電池等による電力自給」モデル事業
栃木銀行	持続可能性を軸とした地域コミュニティの形成および地域課題解決伴走支援の仕組み化

6　近畿財務局管内（2023 年 3 月末）には、地方銀行・第二地方銀行 8 行、信用金庫 29 金庫、信用組合 21 組合が存在している。

奈良中央信用金庫	良質な森林資源 "吉野材" を活用した新たな居住様式の創造による地方創生奈良モデルの確立
浜松磐田信用金庫	サーキュラー・エコノミー実現に向けた地域エコシステムの構築事業
北陸銀行	気候変動関連に対する地域金融機関としての顧客への支援体制の確立
北海道銀行	気候変動を踏まえた北海道の水産業にかかる地域金融の実践について
山梨中央銀行	トマト等の農業残渣や果樹剪定枝等を燃料利用するCO2ゼロ農作物のブランド化推進事業

出所）https://www.env.go.jp/press/108130.html

図表13 2021年度の採択金融機関

愛媛銀行	地域特性を活かした ESG 金融の構築
京都銀行	地域における上場メーカー・サプライヤーが一体となった ESG/SDGs の取組促進
第四北越銀行 千葉銀行 北洋銀行	持続可能な食産業の実現に向けた3行連携による ESG 地域金融の実践
玉島信用金庫	カーボンニュートラルに向けた水島地区の2次産業の持続可能性の検討と支援体制構築に向けた研究
栃木銀行	北那須3市町の連携による持続可能な地域を考えるプラットフォーム構築事業
八十二銀行	気候リスク／機会分析を通じた持続可能な農業のための支援策の検討・実施
広島銀行	自動車関連サプライヤーに対するESG要素を考慮した新事業創出支援スキームの検討
福岡ひびき信用金庫	北九州市と地域民間団体との連携による ESG を考慮した伴走型支援の仕組化
北都銀行	再エネ(風力)を軸とした地方創生に向けて 〜脱炭素社会実現へのマイルストーン〜
米子信用金庫	再エネ普及による脱炭素社会の実現と地域経済の持続可能性向上に向けた取り組み

出所）https://www.nri.com/jp/service/mcs/koubo/esg_fis_2021

図表14 2022年度採択金融機関

尼崎信用金庫	業種に共通する ESG 要素を考慮した事業性評価・支援体制の構築
愛媛銀行・伊予銀行・三井住友信託銀行松山支店	地域特性を活かした ESG 金融の構築
群馬銀行	自動車サプライヤーのサステナビリティ向上にむけた地域と連携した支援策の検討
静岡銀行	地域におけるインパクト可視化およびインパクト測定・マネジメント（IMM）体制の確立
第四北越銀行	新潟県燕三条地区におけるサプライチェーン全体での生産性向上を通じた脱炭素化支援
千葉銀行	SAF のサプライチェーン構築を通じた県内産業の活性化
碧海信用金庫	ものづくりを中心とした地域経済支援の展開について
福岡ひびき信用金庫	北九州市と地域民間団体との連携によるESGを考慮した伴走型支援の実践

出所）https://www.env.go.jp/press/press_00221.html

図表 15　2023 年度採択金融機関

七十七銀行	宮城県沿岸部におけるブルーエコノミーの構築
福井銀行 福邦銀行	眼鏡産業の脱炭素化と女性活躍等の働き方改革を通じた鯖江眼鏡のリブランディング及び持続力向上に向けた調査検討事業
静岡銀行	企業価値向上と社会価値創造の両立に繋がる共通 KPI の策定
広島銀行	自動車部品製造における鋳造工程の CN 推進に向けた支援の検討について
鹿児島銀行	脱炭素型ライフスタイルへの転換に向けた ESG 金融の構築
琉球銀行	J-クレジットを活用した地域経済循環の創出について
尼崎信用金庫	ESG 要素を考慮した事業性評価・支援による地域 ESG 推進モデルの確立・横展開
秋田県信用組合	地域企業の再生可能エネルギー導入促進に向けた取引先へのアプローチ検討

出所）https://www.env.go.jp/press/press_01811.html

4. 環境省・ESGファイナンス・アワード・ジャパン

　環境省は、2019 年に ESG 金融の普及・拡大に向けた「ESG ファイナンス・アワード・ジャパン」を創設した。このアワードの目的は、ESG 金融に積極的に取り組む金融機関、諸団体や環境サステナブル経営に取り組む企業を評価・表彰し、その内容を ESG 金融や環境サステナブル経営に取り組む多くの関係者と共有することとされており、これまでに 4 回の表彰が行われてきた。

図表 16　環境省 ESGファイナンス・アワード・ジャパンの 間接金融部門の受賞者

	2019 年度	2020 年度	2021 年度	2022 年度
金賞	三井住友信託銀行	みずほフィナンシャルグループ、**滋賀銀行**	三菱ＵＦＪ銀行	静岡銀行・ 静岡県信用保証協会
銀賞	九州フィナンシャルグループ、**滋賀銀行**、日本政策投資銀行	三菱ＵＦＪ銀行	静岡銀行、 三井住友信託銀行	三菱UFJ銀行、 **滋賀銀行**
銅賞	伊予銀行、 三井住友銀行、 三菱 UFJ 銀行	**滋賀県信用保証協会**	**滋賀銀行**、 三井住友銀行	福岡銀行
特別賞			浜松磐田信用金庫、 芙蓉総合リース	琉球銀行

注）2019 年度は「融資部門」と称されていた。また、特別賞は 2021 年度から設けられた。

出所）環境省発表資料より、筆者作成。

図表16は、そのうち間接金融部門の受賞者をリストにまとめたものである。関西地域の地域金融機関では、滋賀銀行と滋賀県信用保証協会とが受賞している。滋賀銀行は2020年度の金賞を含めて、4年連続の受賞となっており、全国的にみてもこの分野でのリィーディングカンパニーであることがわかる。

5. 第Ⅰ部の概要

　以下の第Ⅰ部では、3本の研究論文を掲載している。
　まず、「第2章　地域の金融機関が脱炭素化へ取組む効果」（尾島雅夫）は次のような議論を行っている。
　気候変動は地球の温暖化だけでなく、環境問題の範疇を超え健康、移動・移住、紛争・安全保障、経済活動、人権・人道問題等へのリスクを増大させる。現在のCO₂排出量のままでは、国際的に合意した世界平均気温の上昇幅1.5℃以内の達成は困難が予想され早急な削減が必要である。気候変動による地球温暖化を回避するには残された時間は少ない。一方、地域の金融機関の取引先である地域の中小企業の脱炭素化への取組は進んでいない。本章では、金融機関は投融資先の脱炭素化をサポートすることにより、金融機関自身の企業価値を高めることを確認する。このことは、金融システムの安定に資すると考えられる。
　第2章の実証分析においては、脱炭素化を積極的に進める地域銀行は、地域企業を通じて持続可能な地域づくりだけでなく、自らの企業価値を高めることを定量的に明らかにする。分析方法は、地域銀行の公表データを用いてパネルデータにより回帰分析を行う。推定結果は、脱炭素化に総称される持続可能な社会づくりに積極的に取り組む地域銀行は、顧客評価も考慮した企業価値を高めることがわかった。金融機関が事業者を理解するために従来から実施している事業性評価にESGやSDGsの視点を取り入れることで、金融機関自らの企業価値も高めることにつながるのである。
　第1章および第2章は日本の地域金融機関に焦点を当てているが、環境面で

の取り組みはヨーロッパが先行している。日本の取り組みを進めて行くには、ヨーロッパの経験を学ぶことは有益である。

　そこで、「第3章　欧州グリーンディールと金融機関の役割」（高屋定美）では、次のような議論を行っている。

　EU（欧州連合）が2019年12月に新たな成長戦略として打ち出された欧州グリーンディールは、2050年気候中立（温室効果ガス排出実質ゼロ）を達成することを目指し、様々な経済領域に対して、諸政策を割り当てて、脱炭素社会を構築しようしている。このグリーンディールでは脱炭素を促すサステナブル・ファイナンスを重視している。本章ではEUでの銀行監督を行う欧州銀行監督機構（EBA）のサステナブル・ファイナンス戦略に焦点をあて、現在の戦略を検討する。さらに、欧州の金融機関におけるサステサステナブル・ファイナンスとしてGLS銀行（ドイツ）、BNPパリバ（フランス）、バンコBPM（イタリア）を取り上げる。それを通じて、現時点での欧州金融機関の取り組みを検討し、わが国金融機関への示唆を探っている。

　「第4章　ASN銀行の投融資におけるサステナビリティ方針の概要」（橋本理博）は、サステナブル・ファイナンスの分野で先行的な取り組みを行うオランダのASN銀行（ASN Bank）が投融資判断の際に用いるサステナビリティ方針の概要を説明している。同行はSDGsを支持し、投融資を判断する際に、投融資先が自行の定めるサステナビリティ方針に適合しているかを評価している。こうしたサステナビリティ方針や評価方法についてのガイドラインをまとめたものがASN Bank Sustainability Guide（「サステナビリティ・ガイド」）であり、本章ではこの概要を示す。

　ASN銀行は、「人権」「気候」「生物多様性」をサステナブルの3つの柱に据え、「ガバナンス」と「アニマルウェルフェア」も考慮しながら、ESG要素に基づく投融資を行っている。サステナビリティ・ガイドには、ESG課題について、投融資先が所在する国のリスク、投資対象となる国債を発行する国のリスク、企業の事業内容などが評価される。また、持続可能な社会に貢献しない経済活動を「除外すべき活動」や「回避すべき活動」として定め、同行が投融

資をできる対象とできない対象の境界を示し、ESG 要素を考慮した投融資判断の基準を明確に示している。また、これら活動に間接的に関与する企業に対しても、売上に占める割合によりそれが企業活動の中心であるか否か等で判断するという基準も設けている。

持続可能な社会を実現させるためにはサステナブル・ファイナンスの推進が不可欠である。第 4 章で紹介した、先駆的と言われる ASN 銀行の取り組みは、ESG 金融を進めていく日本の金融機関にとっても重要な手掛かりになると思われる。

6. 第Ⅱ部の概要

神戸大学経済経営研究所は、2022 年度より尼崎信用金庫と「ESG 要素を考慮した事業性評価の深化を通じた地域における事業者支援態勢体制構築の推進」というテーマで共同研究を行っている。地域企業や社会の持続的な成長を実現していくためには、ESG の観点から取引先企業の事業性を評価して支援をしていくことが求められており、地域金融機関における事業性評価の深化が必要であるとの問題意識からであった。

神戸大学の研究者と尼崎信用金庫の職員の方とで定期的に研究会を行い、また、頻繁に非公式の打ち合わせを行ってきた。第 1 回研究会は、2022 年 5 月 18 日に尼崎信用金庫本店で開催し、近藤崇史・環境省環境経済課環境金融推進室長に「地域金融への期待：我々が皆様と成したいこと」のタイトルで講演をしていただいた。第 2 回研究会は 2022 年 7 月 22 日に神戸大学経済経営研究所で開催し、前金融庁地域金融企画室長の日下智晴氏（神戸大学経済経営研究所客員教授を兼務）に「地域金融機関のサステナビリティ」というテーマで講演をしていただいた。

第 3 回研究会は 2022 年 11 月 16 日に神戸大学経済経営研究所で開催し、浜松いわた信用金庫 SDGs 推進部副部長の竹内嘉邦氏に「浜松いわた信用金庫の

SDGs・ESGの取り組み」というテーマで講演をしていただいた。第4回研究会は、2023年3月20日に尼崎信用金庫本店で開催し、家森が「基盤となる事業性評価の重要性と中小企業のサステナビリティ経営の現状・課題」というテーマで講演を行った。各回とも講師の講演のあとに、講師と参加メンバーとの間で活発な意見交換があり、毎回、大いに盛り上がった。司会者として参加した家森は、尼崎信用金庫の職員の方がESGの取り組みの重要性と難しさを真剣に考えられていることを感じた次第である。

　また、尼崎信用金庫はこの間、上記にも記したように、環境省のESG地域金融促進事業に採択され、「業種に共通するESG要素を考慮した事業性評価・支援体制の構築」に取り組んでこられた。

　尼崎信用金庫としては、事業性評価及び評価に基づく支援の実績はあるが、ESG要素をふまえた評価・支援の仕組み化までには至っていないことから本事業に参加され、事業を通じて、融資ポートフォリオを構成する産業について、「地域へのインパクト」及び「事業へのインパクト（≒リスク・機会）」が大きいと考えられるESG要素を分析・特定し、特定されたESG要素を評価するためのツールを検討し、作成された。ツールの作成プロセスでは、営業店職員が使いやすいように、負荷・スキルを十分に考慮したツール及び運用体制になるように、実際に活用できることに重点を置いて取り組まれた[7]。

　このESG地域金融促進事業の取り組みと我々の研究会の取り組みは、尼崎信用金庫のサステナブルバンキングへの取り組みの両輪をなすものであり、その中間的な成果を広く社会に発信して、事業者や行政の理解者を増やし、更に一緒に取り組んでくれる金融機関や専門家を増やすことを目指して、シンポジウムを開催することにした。そのシンポジウムの基調報告およびパネルディスカッションの模様を収録したのが第Ⅱ部である。

7　詳細は、環境省大臣官房環境経済課環境金融推進室「ESG地域金融実践ガイド　別添資料：事例集」（2023年3月）を参照してほしい。https://www.env.go.jp/content/000123151.pdf（2023年8月11日閲覧）

参考文献

環境省「ESG 地域金融に関する取組状況について―2022 年度 ESG 地域金融に関する
　　アンケート調査結果取りまとめ―」2023 年 3 月。
　　https://greenfinanceportal.env.go.jp/pdf/esg/esg_promotion_program_2.pdf
家森信善「ポストコロナ禍での ESG 地域金融―事業性評価の深化を目指せ―」『野村
　　サステナビリティクォータリー』 pp. 4 － 6、2021 年秋号。
家森信善「中小企業のカーボンニュートラル化に向けた地域金融機関の役割」『（一
　　般財団法人建築保全センター　機関誌）Ｒｅ』215 号　58 － 59　2022 年 7 月（2022a）。
家森信善「関西における ESG 地域金融の展開」『アジア太平洋と関西　関西経済白
　　書 2022』 アジア太平洋研究所　pp.123 － 127　2022 年 10 月（2022b）。
家森信善「ESG 地域金融の取り組み」 家森信善編著「ポストコロナを見据えた地
　　域金融の課題」研究会報告書（2022 年度）　アジア太平洋研究所資料　23 － 04
　　2023 年 3 月。
家森信善・山本 聡『SDGｓの時代に中小企業が輝く社会の実現を目指して―日本の
　　中小企業のサステナビリティ経営の実践とドイツ中小企業からの学び―』中央
　　経済社　2024 年（予定）。

第 2 章

地域の金融機関が脱炭素化へ取組む効果

神戸大学経済経営研究所非常勤講師　尾島　雅夫

1. はじめに

(1) 気候変動と金融システム

　気候変動は地球の温暖化だけでなく、その結果生じる様々な変化を含むより広い概念である。UNITED NATIONS［1992］（気候変動に関する国際連合枠組条約）は「気候変動の悪影響」を定義している。それによると、「「気候変動の悪影響」とは、気候変動に起因する自然環境又は生物相の変化であって、自然の及び管理された生態系の構成、回復力若しくは生産力、社会及び経済の機能又は人の健康及び福祉に対し著しく有害な影響を及ぼすものをいう。」としている。具体的に表現すると、気候変動は、健康、移動・移住、紛争・安全保障、経済活動、人権・人道問題等へのリスクを増大させる。松尾［2021］が述べるように、気候変動は一般的にイメージされる環境問題の範疇を超え、社会の安定や平和を根本から揺るがすリスクである。気候変動や気候変動の悪影響の起因は人間の活動であり、その活動が大気中の温室効果ガスを増加させて、地表及び地球の大気を全体として温暖化し、自然の生態系や人類に悪影響を及ぼすことになるのである。

　規模と時間軸で気候変動の悪影響を身近に感じることができるものとして、

\# 本章の作成にあたり、アジア太平洋研究所「地域金融プロジェクト」（リサーチリーダー家森信善神戸大学教授）、ひょうご持続可能地域づくり機構 HsO（畑中直樹代表理事）から貴重な情報、資料、助言を頂きました。また地域金融プロジェクト、HsO チームメンバーからのアドバイスに感謝申し上げます。本章の見解、あり得べき誤謬はすべて筆者の責任に帰するものです。

Climate Central のホームページ（https://coastal.climatecentral.org/）では、海面上昇と高潮で毎年浸水すると予測される地域をシュミレーションしている。これは、IPCC[1]（Intergovernmental Panel on Climate Change, 気候変動に関する政府間パネルと呼ばれる）第六次評価報告書に基づいている。図表 1 は、兵庫県から大阪府の湾岸沿い及び内陸部の一部が 2050 年に海面上昇と高潮で毎年浸食されると予測される地域を表したものである。マークしている浸水地域は、沿岸部では姫路市、高砂市、加古川市、神戸市、西宮市、尼崎市、大阪市、堺市から大阪府南部の都市にわたる。気候変動対策を何もしなければ、その悪影響は我々にも迫ってくるのである。

図表 1　海面上昇と高潮で毎年浸水すると予測される地域

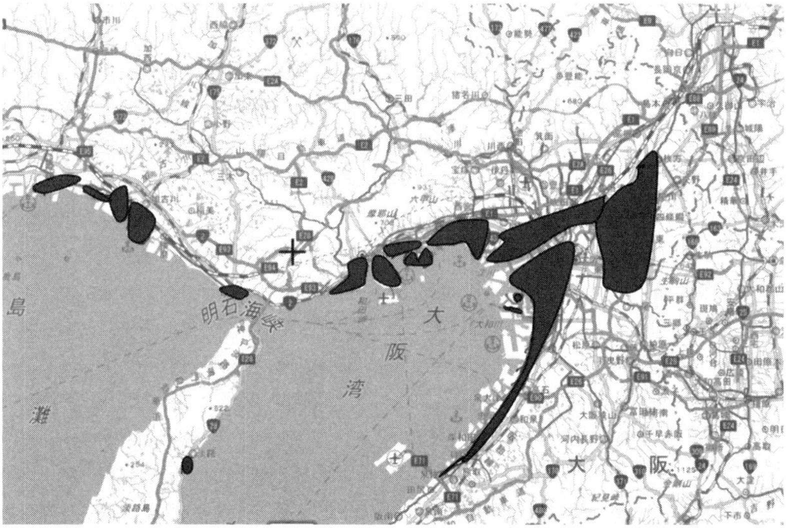

出所）Climate Central（https://coastal.climatecentral.org/）に基づき、国土交通省のハザードマップに筆者がマークして表示。

---

1 IPCC は、1988 年に世界気象機関（WMO）と国連環境計画（UNEP）によって設立された政府間組織である。IPCC は、各国政府の気候変動に関する政策に対し、科学的な基礎を与えている。気候変動問題に関する国際的な枠組み 2015 年の「パリ協定」における、「世界の平均気温上昇を産業革命以前に比べて 2℃ より十分低く保ち、1.5℃ に抑える努力をする」という目標は IPCC の報告書と関りを持っている。

気候変動の悪影響を取り除くためには、その原因となった人間の活動を変える必要がある。では人間は何もしていないのか。そうではない。たとえば図表2に太線で示したようなアフリカ大陸を横断して緑化する壮大な計画がある。IPCC（気候変動に関する政府間パネル）の設立母体のUNEP（国連環境計画）は、UNEP［2020］において、「グレート・グリーン・ウォール」を報告している。この計画は、セネガルからジブチまでの非常に乾燥した地域の土地荒廃、砂漠化、気候変動の影響、生物多様性の喪失に立ち向かうため2007年に始まったアフリカ主導の植林などの環境修復活動である。国連と加盟国は2030年までに1億ヘクタールを復元することを合意している。この活動は、17の持続可能な目標の内10の目標に貢献している。

図表2　グレート・グリーン・ウォール

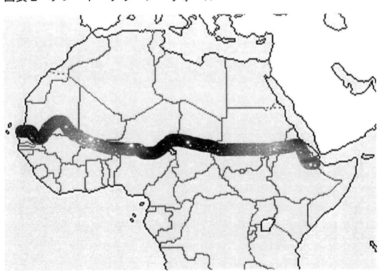

（注）太線は、東岸のジブチ、エリトリア、エチオピア、スーダン、チャド、ニジェール、ナイジェリア、マリ、ブルキナファソ、モーリタニアから西岸のセネガルにかけてアフリカ大陸を横断する箇所を示す。

　　出所）在日フランス大使館ホームページ https://jp.ambafrance.org/article17225 に基づき計画地帯を筆者が表示。閲覧日 2023.1.7

2015 年に国連気候変動枠組条約（UNFCCC）はパリ協定を採択した。世界平均気温の上昇を工業化以前に比べて 2℃ より十分低く保つとともに、1.5℃ に抑える努力をするという合意である。このパリ協定についての採択により科学的知見を IPCC に求めた。この報告書が 1.5℃ 特別報告書である。環境省［2021］は、IPCC（気候変動に関する政府間パネル）が作成した 1.5℃ 報告書を整理してまとめている。多くの情報が盛り込まれているが、報告書の中で残余カーボンバジェットの記載がある。炭素予算という概念である。報告書では、確率 66% で 1.5℃ 以内に抑えるのに残された CO_2 排出量は 2018 年初頭時点で 5,700 億トンとしている。現在の CO_2 排出量のままでは、あと約 8 年で 1.5℃ 達成の予算を使い果たす。1.5℃ 達成には、2030 年に世界の温暖化ガスの半減が必要である。気候危機を回避するには脱炭素予算から導かれる 10 年以内が決定的に重要である。気候変動問題は差し迫った問題なのである。

　さて、差し迫った気候変動と金融資本市場や金融機関に代表される金融システムとの関係は偶然の関係ではなく、深く関りがあると考えられる。

　第一に保有資産に着目したものに、Schoenmaker,D and W.Schramade［2019］が指摘している座礁資産がある。座礁資産とは、気候変動により不測または予想外の早期の償却、評価切り下げに見舞われてその価値を失う資産である。金融庁［2022］においても、金融機関への波及経路として、自然災害の激甚化から生じる顧客企業等の保有資産の毀損、営業の停止による担保価値の減少、将来的な融資機会の喪失、保険引受利益の悪化等を挙げている。座礁資産化により金融システムは大きく悪影響を受けることが予想できる。

　英国経済誌 Financial Times［2015］は、パリ協定合意前の 2015 年 10 月に炭素予算から導かれる利用可能な化石燃料資産はどれくらいあるかを記事にしている。記事では世界の国や企業が保有する化石燃料の総量は 15,410 億トンであり、80% の確率で 2℃ 目標を達成するためには利用可能な化石燃料は 2,250 億トンしか残っていないとしている。つまり世界の化石燃料資産の約 8 割は座礁資産となる。

　直近のデータで炭素予算はあとどれくらい残っているかを確認すると、グ

ローバル・カーボン・プロジェクト[2][2022] によれば、炭素予算の残りは3800億トンである。2022年の世界のCO_2排出量は406億トンであるので、1.5℃目標を達成するのに、このままでいくとあと10年以内で炭素予算を使い切ってしまうことになる。2022年の年間CO_2総排出量406億トンは、過去最高となった2019年の409億トンに次ぐ数値であり、排出量の削減は進んでいない。気候変動による地球温暖化を回避するためには残された時間はわずかしかない。

気候変動の金融システムとの関りの二つ目は、金融部門は低炭素社会への移行時において主導的な役割を果たすことができることである。金融部門は、サステナブルな企業やプロジェクトへの資金提供を積極的に行うことにより移行を加速できる。金融機関は顧客取引先の気候変動対応を促していくことで、企業や企業の位置する地域の活性化を支援する。従来から金融機関は事業性評価により顧客企業を深く理解することに努めているが、気候変動、脱炭素化の視点を事業性評価に取り入れることは、金融機関自身の事業チャンスの獲得や社会課題にもこたえることができるのである。

次に金融機関が直接接する中小企業の脱炭素化の取組に対しての意識を、各種アンケート調査から見てみる。

商工中金は、2021年7月に「中小企業のカーボンニュートラルに関する意識調査」を行っている。有効回答数は同金庫の取引先5,297社であり、アンケート回収率は50.9%である。カーボンニュートラルについて中小企業の取組は進んでいるかについて興味ある質問を行っている。カーボンニュートラルの影響への方策検討状況は、80%の回答企業は実施検討していないと答えている。実施検討している20%の企業の方策の内容としては、例えば電気自動車の導入などの省エネ設備への代替などの回答が目立っている。また既に実施検討していると回答した企業のうち、外部からの要請が動機となった企業について具体的な要請先について尋ねている。約7割の企業は販売先と回答、以下行政機関

2 「世界のCO_2収支2022年版」作成には世界各地の80の研究機関や大学より106名の研究者が参加している。日本からは国立環境研究所、気象庁、気象庁気象研究所、エネルギー総合工学研究所、国立研究開発法人水産研究・教育機構に所属する9人が参加している。

（33%）、仕入先（22.6%）、商工会・業界団体（17.3%）、取引金融機関（11.7%）と続く。

　家森・尾島・米田・古田［2022］は、2022年5月に「ポストコロナにおける専門家との連携と地域金融機関のビジネスモデルに関する専門家の意識調査」を行い、税理士と公認会計士455人からの回答を得た。全部で40問の質問の内、サステナビリティ経営の支援に関する質問が5問あり、顧問先からSDGsの取組について相談を受けたらどのように対応するかを尋ねている。具体的な相談先として回答の選択率が多かったものから挙げると、「専門家を紹介する」36.7%、「金融機関に相談するよう助言する」28.6%、「商工会議所などの商工団体に相談するよう助言する」26.5%、「公的な支援組織に相談するように助言する」26.5%である。前述の商工中金の調査では、金融機関の存在感は低かったが、専門家からは金融機関へ助言を求める回答が多く、金融機関が取引先をサポートする機会は十分あると想定できる。

　大阪商工会議所は、2021年3月に大阪商工会議所の会員企業に「SDGsが企業に与える影響に関するアンケート調査」を行った。有効回答数は317社で有効回答率は11.0%である。SDGsに取組んでいる企業は、従業員数300人超が7割台半ば、従業員数300人以下では2割である。企業規模により取組状況に差があることがわかる。世界的な気候変動への関心の高まりにもかかわらず、商工中金、大阪商工会議所の調査では、中小企業の約8割が実施の検討をしておらず、カーボンニュートラルやSDGsへの取組は大変低調といえる。

　中小企業は脱炭素化に無関心なのだろうか。神戸商工会議所・日本政策金融公庫神戸支店は、2022年2月に「カーボンニュートラルに向けた企業の意識／取組に関する調査」を行った。回答企業は697社で回答率は約12%である。調査項目の中で、カーボンニュートラルに向けた取組について今後の方向性をどのように考えているかについて尋ねている。この質問に対して、「大いに取り組む必要がある」29.1%、「多少取り組む必要がある」46.3%と合計75.4%の企業は取り組む必要があると回答している。中小企業は、現在は取組んでいないものの取り組む必要性については大いに前向きである。回答からは、どうやっ

て取り組むか。何をすればいいのか、取り組むきっかけを模索していると思われる。

(2) 本稿の目的

　脱炭素化（幅広い概念で捉えると ESG、SDGs と呼ばれる）と金融システムは深くかかわっている。アフリカ大陸を横断する植林の壮大なプロジェクトがある一方、足元の中小企業の気候変動対応は遅れているのが実態である。脱炭素化を炭素予算で測ると今後の時間的な猶予は少ない。地域金融機関が地域の中小企業の脱炭素化支援を行うことは、脱炭素化を考慮した事業性評価の経路を通じて、事業機会の獲得にも寄与し社会課題解決にも貢献することができる。そうでないと金融機関の中小企業への脱炭素化支援は持続できない。本稿では、ESG や SDGs を積極的に進める地域銀行は、持続可能な地域づくりに寄与するだけでなく、自らの企業価値と経営力を高めることを確認する。これは金融システムの安定化に資すると考えられる。

2. 先行研究

　中小企業がカーボンニュートラルや SDGs に取組むことは、社会課題に貢献することで自らの企業価値を高めることができる。また地域の中小企業と深くかかわる地域金融機関はその取組みをサポートすることで、事業基盤を強固にして自らの企業価値を高めることにつながる。以下の先行研究によりこれらのことを確認していく。

　Ziolo,M., B.Z.Filipiak, I.Bąk and K.Cheba［2019］は、ESG と金融システムの関係について、環境、社会、ガバナンスの ESG 要因は、金融システムの安定性を脅かす主な原因になると述べている。現代の金融システムは、ESG 要因を含む非財務要因によって生じるリスクに関連する課題に直面しており、金融機関の意思決定プロセスに ESG 要因を含めることで、より持続可能な金融

システムが実現すると主張している。本稿においてもこの認識を持っている。

　次に ESG と事業会社や金融機関との関係についての先行研究を調べ、以降の本稿での分析に活かしていきたい。

　柳良平［2020］は、企業価値は現在の財務価値（見える価値）と持続的な財務基盤となる非財務価値（見えない価値）から構成されているとする。財務諸表から導かれる ROE 経営を超えた企業理念や ESG などの非財務情報も含めた長期的な視点は、持続的な成長と企業価値向上にはきわめて重要であると主張している。株主資本簿価（株価純資産倍率、PBR1 倍以内の部分）を財務資本、そして PBR1 倍を超える部分を市場付加価値としている。市場付加価値は、市場あるいは社会から評価されている価値である。柳は事業会社を前提にしているが、本稿では地域金融機関を分析対象にする。残念ながら上場する地域銀行の PBR（株価純資産倍率）の平均値は 1 倍以内であり、企業の解散価値を示す 1 倍を超えていない。以降の定量分析で ESG に積極的な金融機関は PBR（株価純資産倍率）で測ると企業価値は増加するのか減少するのか、どういう効果をもたらすかについて柳の先行研究を参考に測定する。

　柳［2020］と同様の考え方の論考に Eccles,R.G.,I.Ioannou, and G.Serafeim［2012］がある。組織の戦略と業績について企業の持続可能性を調べている。持続性の高い企業は、長期志向で利害関係者と対話を行い非財務情報の開示水準は高く、株価や業績の両方において短期主義的な企業より高い水準にあると述べている。非財務情報の重要性や利益最大化モデルを適用する企業の持続性は低いとの主張は、柳の論説に通ずるものがある。

　ESG の取組は銀行に良い価値をもたらすのかについて取り上げた論考を見てみる。Azmi,W.,M.K.Hassan,R.Houston,and M.S.Karim［2015］は、ESG 活動はどの経路を通じて銀行価値の価値に影響があるかどうかを調べ、ESG 活動とキャッシュフローや効率性の間に正の関係があると報告している。ESG 活動はガバナンスを代替し情報の非対称性が減少することで、資金へのアクセスが増えてキャッシュフローを増加する。本稿の定量分析においてもキャッシュフローを説明変数に加えて、銀行の企業価値を測っている。

Prorokowski,L.［2015］は、銀行ビジネスに内在する信用、流動性、市場リスクに環境リスクを追加することが不可欠であると述べる。環境リスクに対処することは、新しいビジネスをもたらし、コストを削減し、評判の低下を回避することによって銀行自身に良い影響を与えるのである。評判を考慮するために、本稿では定量分析に株価を取り入れた。

Buallay, A.［2019］は、ESGと銀行の経営パフォーマンス（総資産利益率）、財務（自己資本利益率）、および市場パフォーマンス（トービンのQ）との関係を調査している。独立変数はESG開示、従属変数はパフォーマンス指標である。結果は、ESGがパフォーマンスに大きなプラスの影響を与えることを示した。ESG開示を説明変数としたアイデアは本稿において利用している。

3. データと分析方法

（1）ESG金融積極推進の指標化

本項では持続可能社会の形成に向けたESG金融促進に積極的な地域銀行はそうした取組をする価値があるのか、自らの企業価値を増加することができるかについて、公表データを利用して定量的な分析を行う。

分析に用いたデータについては、地域銀行または銀行持株会社の2018年3月期、2019年3月期、2020年3月期・9月期、2021年3月期・9月期、2022年3月期・9月期の連結ベース86社（内持株会社18社）の8期分の有価証券報告書を利用した。ESG金融を促進する地域銀行を指標化する指標として、①環境省が2019年より事業推進している「地域におけるESG金融促進事業」に事業採択された地域銀行のリスト、②気候変動関連リスク及び機会に関する開示「気候関連財務情報タスクフォース（TCFD）」に賛同した銀行リスト（2022年11月現在）、③持続可能な社会の形成に向けた21世紀金融行動原則に署名した銀行リスト（2022年10月現在）、④非財務価値の近似変数として、人への投資で企業価値向上を目的に2022年8月に設立された「人的資本経営コン

ソーシアム」に参加し、2022年3月期の統合報告書を公表した銀行リストを用いた。これらに賛同や参加した銀行を1とするダミー変数（図表ではDMと表示）の指標を作成して図表3に示した。

　図表3のESG金融促進事業DM（ダミー）を見ると、この事業に参画した銀行は5.7%を占めていることがわかる。最も比率の高いのは、持続可能な社会を形成するのに貢献するという金融行動原則に署名した金融機関で84.2%を占める。署名のハードルは低く、高い参画率となっている。指標化にあたり、各項目に1点をつけて点数化し、4つの項目に参画すれば4点とカウントする。変数の「関与度」の行を見ると、平均は1.162点である。そして3つ以上の項目に参画する銀行（比率は6.4%）をESG活動に積極取組をする銀行として捉え、これを1とするダミー変数の関与度DMを作成し、後の計量分析に使用する。

図表3　ESG金融の積極取組指標

変数	説明	観察数	平均	最小	最大	標準偏差
ESG金融促進事業DM	促進=1	676	0.057	0	1	0.233
TCFD賛同DM	賛同=1	678	0.213	0	1	0.410
人的経営コンソーシアムDM	統合報告=1	678	0.048	0	1	0.215
金融行動原則DM	署名=1	678	0.842	0	1	0.364
関与度		678	1.162	0	4	0.753
関与度DM		678	0.064	0	1	0.246

出所）筆者作成

　なお計量分析に用いるデータは、被説明変数として銀行の顧客評判を含めた価値としてPBR（株価純資産倍率）[3]、説明変数としては、推定で最も注目する関与度DM、自己資本比率、経常利益（対数化）、キャッシュフロー（対数化）、従業員数（対数化）、8期間のパネルデータ推定としたのでマクロショックを考慮して時点ダミーを作成した。記述統計を図表4に表した。

3　図表には示していないが、PBRの中央値は0.268である。

図表 4　被説明変数と説明変数の記述統計

変数	説明	観察数	平均	最小	最大	標準偏差
PBR	株価純資産倍率	613	0.318	0.105	6.106	0.308
関与度 DM	積極的 =1	678	0.064	0.000	1.000	0.246
自己資本比率	(%)	676	0.050	0.011	0.098	0.012
経常利益	対数	659	1.040	-3.788	3.363	0.725
キャッシュフロー	対数	485	11.370	6.981	15.330	1.571
従業員数	対数	676	7.653	5.808	9.337	0.807
年ダミー	あり					

出所）筆者作成

(2) 分析方法

　はじめに地域金融機関のミクロデータを使って、ESG の取組に積極的な銀行はどのような特徴を持っているかについてプロビットモデルを使って推計[4]する。被説明変数は ESG を積極取組する銀行 DM（ダミー）、説明変数については、自己資本比率、経常利益（対数化）、キャッシュフロー（対数化）、従業員数（対数化）、時点ダミー（年ダミー）を使った。

　二番目に、パネルデータを用いて、ESG 取組に積極取組する銀行は、顧客評判を含めた銀行の価値である PBR（株価純資産倍率）を高められるかどうかを推定する[5]。本稿で使う固定効果モデルでは、銀行の企業価値にも ESG 積極銀行にも影響する観察されない第三の要素を取り除いて計測ができる。パネルデータを利用したかつての回帰分析では、説明変数と観察できない個体属性が相関を持たないことを前提にした変量効果モデルによる推定も行い、両方

4　推計式は、関与度ダミー it = 定数項 it + β 1 自己資本比率 it + β 2 キャッシュフロー(対数化）it + β 3 経常利益（対数化）it + β 4 ln 従業員数（対数化）it + β 5 年ダミー it + 誤差項 it

5　推計式は、株価純資産倍率 it= 定数項 it + β 1 関与度ダミー it + β 2 自己資本比率 it + β 3 キャッシュフロー（対数化）it + β 4 経常利益（対数化）it + β 5 ln 従業員数（対数化）it + β 6 年ダミー it + 誤差項 it

を推定することでどちらのモデルを選択するかを決めていた。しかし多くの経済データの場合、変数が相互に関連することが多く、近年変量効果モデルは使われなくなってきた（松浦［2021］）。本稿では固定効果モデルによる推計を行い、横断面方向の不均一分散と時間方向の系列相関を避け頑健性を考慮して推計した[6]。

　金融機関は従来から取組んでいる事業性評価にSDGsやESGの観点を取り入れることにより、取引機会のチャンスも増加することが見込まれ、取引先や投資家の評判も上がることは予想できる。従ってパネルデータの回帰分析についてもESGに積極的な取組を行っている銀行は、そうでない銀行に比べてPBR（株価純資産倍率）は増加すると予想する。

4. 推定結果

　ESG積極関与銀行はどのような特徴があるかについて、プロビットモデルによる推計結果を図表5に示した。プロビットモデルは、経済主体である企業や銀行の行動選択を表すのに適している。

　図表5を見ると、キャッシュフロー（対数）が高まるとESGに対する取組みが積極化することがわかる。これは統計的にも有意である。自己資本比率、従業員数、経常利益は統計的な有意性はない。これを解釈すると、ESGへの取組は、規模や利益の大きな銀行でなくても取組推進ができるのである。小規模の取引先であっても、ESG視点の事業性評価は銀行のビジネスチャンスを増やし、融資金の返済は通常に行われ、結果としてキャッシュフローは増加する。そうした企業への多角的なサポートは銀行の収益確保にも寄与することが示唆される。

6　本稿では、異時点の誤差間で相関が生じる可能性の問題については、不均一分散と自己相関を考慮した標準誤差（HAC標準誤差）を用いることにより推計している。

図表 5　ESG 積極関与銀行の特徴

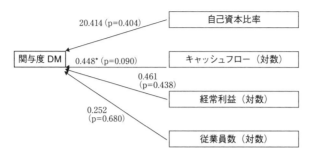

*1%水準有意、**5%水準有意、***1%水準有意

出所）筆者作成

　では、ESG 積極銀行は銀行の可視化できない評判を含めた企業価値向上を高めることができるだろうか。図表 6 は PBR（株価純資産倍率）を被説明変数として回帰分析を行い推計結果を示した。特に注目するのは ESG への関与度の高い銀行の効果である。図表 6 に示した通り関与度 DM の係数は 5%水準で有意にプラスを示しており、ESG に積極的に取組む銀行は、株価純資産倍率を 0.03 倍高めている。

図表 6　ESG 積極取組銀行は企業価値を高める

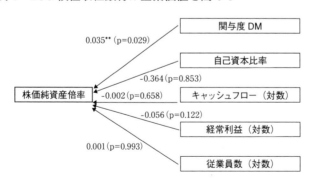

出所）筆者作成

従来から地域銀行が取組んできた事業性評価は、可視化できない企業の価値を顕在化させて、企業や銀行の両方の価値を高めることを目指してきた。今後の地域金融機関は、気候変動にとどまらない ESG 要素を企業の事業を理解することに取り入れることで、自らの企業価値を高める可能性が増加するのである。

5. 結論

　定量分析で、銀行が脱炭素化や ESG に積極的に取り組むことは、地域社会の企業だけでなく、銀行の企業価値向上にも寄与することがわかった。本稿で焦点をあてたのは、脱炭素化や ESG の取組は金融システムを構成する金融機関へどのように効果を及ぼすかであった。気候変動の影響と金融システムは偶然の関係ではなく深く関りがある。足下を見ると、気候変動、温暖化は炭素予算を考えると放置できないところにきている。

　金融機関は、従来から企業の事業内容を理解するために、財務データに表れない事業力や事業内容を捉えようとしてきたが、さらに脱炭素化、ESG 要素の観点から今まで以上に深化させる必要がある。その取組みは金融機関の企業価値向上を通じて金融機関の経営力を高め金融システム安定にも資すると考える。

　一方、金融機関の現場の意識や行動がどのように事業者の持続可能な企業行動をサポートできるかどうかの分析はなされていず、今後脱炭素化対応のアンケート調査の回答を利用して探っていきたい。

参考文献

大阪商工会議所［2021］「SDGs が企業に与える影響に関するアンケート調査」大阪
　　商工会議所, 2021 年 4 月
　　https://www.osaka.cci.or.jp/Chousa_Kenkyuu_Iken/press/210413sdgsegs.pdf
　　大阪商工会議所ホームページ閲覧日 2021.1.10

環境省［2021］「IPCC AR6 特別報告書」環境省地球環境局総務課脱炭素化イノベー
　　ション研究調査室, 2021 年 3 月
　　https://www.env.go.jp/content/900442320.pdf
　　環境省ホームページ閲覧日 2023.1.9

金融庁［2022］「金融機関における気候変動への対応についての基本的な考え方」令
　　和 4 年 7 月, 金融庁
　　https://www.fsa.go.jp/common/law/kikouhendou_dp_final.pdf
　　金融庁ホームページ 閲覧日 2023.1.9

グローバル・カーボン・プロジェクト［2022］「世界の CO_2 収支」グローバル・カー
　　ボン・プロジェクト（GCP）, 2022 年
　　https://globalcarbonbudget.org/wp-content/uploads/GCB_2022_pr ess_
　　release_Japanese_1208.pdf　　GCP ホームページ閲覧日 2023.1.9

神戸商工会議所・日本政策金融公庫［2022］「カーボンニュートラルに向けた企業の
　　意識 / 取組に関する調査」神戸商工会議所・日本政策金融公庫神戸支店, 2022 年
　　4 月　https://www.kobe-cci.or.jp/pdf/220413.pdf
　　神戸商工会議所ホームページ 閲覧日 2023.1.10

商工中金［2021］「中小企業のカーボンニュートラルに関する意識調査」商工中金, 2021
　　年 10 月 https://www.shokochukin.co.jp/assets/pdf/nr_211021_02.pdf
　　商工中金ホームページ閲覧日 2023.1.10

松尾雄介［2021］『脱炭素経営入門』日本経済新聞出版

松浦寿之［2021］『Stata によるデータ分析入門　経済分析の基礎から因果推論まで
　　第 3 版』東京書籍

柳良平［2021］『CFO ポリシー：財務・非財務戦略による価値創造〈第 2 版〉』
　　中央経済社

家森信善・尾島雅夫・米田耕士・古田永夫［2022］「ポストコロナにおける専門家と
　　の連携と地域金融機関のビジネスモデル―税理士に対する意識調査（2022 年 5
　　月実施）の結果の概要報告―」神戸大学経済経営研究所, RIEB Discussion Paper

Series,DP2022-J07,2022 年 8 月

　　https://www.rieb.kobe-u.ac.jp/academic/ra/dp/Japanese/DP2022-J07.pdf

　　神戸大学経済経営研究所ホームページ閲覧日 2022.1.10

Azmi,W.,M.K.Hassan,R.Houston,and M.S.Karim［2015］,"ESG activities and banking performance: International evidence from emerging economies",*Journal of International Financial Markets,Institutions & Money* ,70,101277.

Buallay, A.［2019］," Is sustainability reporting（ESG）associated with performance? Evidence from the European banking sector ",*Management of Environmental Quality: An International Journal*,Vol.30 No.1,2019,pp.98-115.

Eccles,R.G.,I.Ioannou, and G.Serafeim［2012］," The Impact of Corporate Sustainability on Organizational Process and Performance ", *National Beureau of Economic Research* ,NBER Working Paper　No.17950.

Financial Times［2015］," Mark Carney' s climate warning spilits opinion",*The Financial Times*,Oct 2015.

Prorokowski,L.［2015］,"Environmental Risk Index for financial services firms",*Qualitative Research in Financial Markets*,Vol.8 No.1,2016,pp.16-43.

Schoenmaker,D and W.Schramade［2019］,Principles of Sustainable Finance,Oxford University Oress（加藤晃監訳『サステナブルファイナンス原論』金融財政事情研究会 ,2020 年

UNITED NATIONS［1992］, "UNITED NATIONS FRAMEWORK CONVENTION ON CLIMAT CHANGE" UNITED NATIONS.

　　http://unfccc.int/resource/docs/convkp/conveng.pdf

　　環境省ホームページ 閲覧日 2023.1.7

UNEP［2020］," The world' s biggest ecosystem restoration project",UN environment programme.

　　https://www.unep.org/news-and-stories/story/worlds-biggest-ecosystem-restoration-project UNEP ホームページ閲覧日 2023.1.7

Ziolo,M., B.Z.Filipiak, I.Bąk and K.Cheba［2019］," How to Design More Sustainable Financial Systems: The Roles of Environmental, Social, and Governance Factors in the Decision-Making Process."

欧州グリーンディールと金融機関の役割#

関西大学商学部教授　高屋　定美

1. 欧州グリーンディールにおける金融の役割

　EU（欧州連合）が 2019 年 12 月に新たな成長戦略として打ち出された欧州グリーンディールは、COVID-19 危機からの復興経済政策の中核に位置づけられ、「次世代 EU」という復興基金が、その復興政策資金面でサポートして動き出している。欧州グリーンディールは、2050 年気候中立（温室効果ガス排出実質ゼロ）を達成することを目指し、様々な経済領域に対して、諸政策を割り当てて、脱炭素社会を構築しようしている。

　欧州グリーンディールの政策文書では次のような記述がある[1]。「2050 年に温室効果ガス排出を実質ゼロにし、経済成長を資源利用と切り離した、現代的で資源効率性の高い競争力ある経済を備えた、公正で豊かな社会へと EU を変革することを目的とした新しい成長戦略である」とあり、その後に気候中立に向けて産業ごとの脱炭素化を実現していくための産業政策のガイドラインが続く。このガイドラインに沿って、EU 市民ならびに EU 域内の産業が脱炭素社会をめざそうというのが、グリーンディールの目標となる。

　蓮見（2023）によると、欧州グリーンディールの最大の特徴は「環境（気候変動）政策とエネルギー政策を統合すること（カップリング）によって、経済

本章はアジア太平洋研究所「地域金融プロジェクト」（リサーチリーダー：家森信善神戸大学経済経営研究所教授）における研究成果の一部である。また JSPS 科研費 22K01568 の助成を受けたものである。本章でのあり得べき誤謬は筆者の責に帰する。
1　European Commission（2019）。

成長と資源利用を切り離すこと（デカップリング）を可能にする新たな制度構築の試み」である。したがって、経済成長を目指すものの、資源利用、特に化石燃料の利用を削減してゆく産業政策といえる。ただし、グリーンディールが打ち出す目標は理念的なものも多く、現在の様々なステークホルダーの存在を忘れたかのような記述がある。そのため、EU 域内外からその実行に疑問が寄せられてもいる。

　しかし、既に EU は欧州グリーンディールに沿って欧州気候法、EU タクソノミー、国境炭素調整メカニズムなどの諸政策を具体化している[2]。それは EU 域内の経済主体だけでなく、EU と何らかの経済取引を行う域外の経済主体にも影響を及ぼすこととなる。そのため欧州グリーンディール政策は世界的にも影響を与えうる環境・産業政策となる。

　また欧州グリーンディールでは、金融面が重視されている。欧州グリーンディールに関する政策文書（European Commission 2019）の第 2 章第 2 節では、脱炭素社会への変革に必要となる資金調達の指針が示されている。すなわち「金融と資本の流れをグリーン投資に向け、座礁資産を回避するための長期的なシグナルが必要である」として、EU タクソノミーを用いて金融システム全体をサステナブル・ファイナンスに転換させようという狙いがうかがわれる。金融市場での従来の資金配分では、化石燃料を多く用いる産業を温存させることになりかねず、資金供給の面からグリーンへの移行を促そうというものである。投融資の条件に脱炭素（グリーン）の要素を入れ、資金需要のある借り手に対してグリーン化を促すとともに、直接的に資金供給を行う金融機関に対してもグリーンな投融資を行うための規制をかけていこうとする。それらを通じて、EU 域内のすべての経済主体のグリーン化を促進しようとする。そのため、EU での金融取引にサステナブル・ファイナンスの要素を埋め込むことが重要となる。

　そこで、本章では欧州グリーンディールで示されたサステナブル・ファイナ

2　EU タクソノミーに関しては、たとえば高屋（2023b）を参照。

ンス戦略がどのように具体化されようとするのかを考察するのが目的である。そのため、以下、第2節では欧州の銀行監督規則を策定する欧州銀行監督機構（EBA）のサステナブル・ファイナンス戦略を考察する。第3節では、グリーンディールが始まる以前から実施されていた欧州金融機関のサステナブル・ファイナンス戦略の事例を考察する。第4節はむすびである。

2.EBA のサステナブル・ファイナンスへの取り組み

(1) EBA の役割

　EU での銀行（預金受入機関）に対する監督は、汎 EU の監督機構である欧州銀行監督機構（European Banking Authority：以下、EBA）が担っている。EBA は EU 加盟各国の銀行監督当局を統括する役割をもつ[3]。EBA の主な業務は、法的拘束力のある技術的基準（BTS：Binding Technical Standards）ガイドラインの策定を通じて、銀行向けの欧州単一ルールブックを確立することにある。EBA は 4つの領域である、(1) 銀行規制、(2) 銀行破綻処理、(3) 預金保証スキーム、(4) 加盟国（MSs：Member States）間の仲裁において、規則制定の機能を果たしている。したがって、従来、各国でまちまちであった金融機関への規制を汎 EU で統一することが EBA の主たる業務となる。さらに、2019 年の ESFS（European System of Financial Stability）の見直しにより、マネー・ローンダリングの防止や金融機関の抱えるリスクの極小化に関連する権限が EBA に集約された。

　さらに、EBA の管轄政策の特徴にストレステスト（Stress Test）が挙げられる。EBA のストレステストは EU の大手行に対してのものであり、それら

3　EBA は、欧州金融監督制度（ESFS：European System of Financial Supervision）を構成する機関の一つであり、ESFS にはその他に欧州システミックリスク評議会、欧州保険企業年金監督庁、欧州証券市場監督庁、欧州監督当局合同委員会、加盟国の管轄当局・監督当局から構成されている。

のバランスシートの健全性を保全するミクロプルーデンス政策といえる [4]。

（2） EBA とグリーンディール

　グリーンディールの一環として、EBA は ESG リスクをプルーデンス政策である自己資本規制に反映させようとしている。2022 年 1 月、EBA は EU 域内の銀行による ESG 関連リスクと持続可能な金融戦略について、ステークホルダーが評価できるようにすることを目的として、バーゼル規制の「第 3 の柱」に関連して、ESG リスクに関する開示基準を発表した。それにより、気候変動がバランスシートのリスクをいかに悪化させるか、そのリスクをいかに軽減しているか、EU タクソノミーに沿った活動へのエクスポージャーなどの問題を銀行が報告するために必要な技術的な詳細が示された。

　ここでまず国際的に活動する銀行に対するプルーデンス規制であるバーゼルⅢでの 3 本の柱について確認しておこう。バーゼルⅢでは、最低所用自己資本など監督上の最低基準を定めることを「第 1 の柱」とし、銀行のリスク・プロファイルの自己管理と監督上の検証を求めることを「第 2 の柱」とし、さらに市場の規律を促す情報開示（ディスクロージャー）を「第 3 の柱」とし、この 3 つの柱からバーゼルⅢは構成されている。

　バーゼル合意を受けて EU の自己資本規制は、資本要求規則（CRR）および資本要求指令（CRD）によって定められている。EBA はこの 2 つの規則・指令に基づいて欧州委員会が策定する細則のドラフト作成や、将来的な改訂を検討するための評価報告を行うことになる。その枠組みの中で、EU は 2019 年 6 月に成立した自己資本規制の改正である第 2 次資本要求規則（CRR2）と第 5 次資本要求指令（CRD5）によって、EBA に自己資本規制の 3 つの柱に対して ESG リスクの反映を検討し、欧州委員会への報告や細則策定を義務づけた。

　そこで、EBA は 2019 年 12 月に公表したサステナブル・ファイナンス行動

4　欧州の大手行を直接、監督するのは欧州中央銀行（ECB）である。単一銀行監督メカニズム（SSM）のもと、ECB は銀行監督機関（supervisor）としての役割を果たす。それに対し、EBA は規則制定機関（regulator）であり、EU では両者を分割している。

計画において、ESG 関連リスクをバーゼル III の三本の柱に反映させるために、EU から EBA に対して各柱の検討方針が示された。

　すなわち、第 1 の柱に、環境、社会的な目標に実質的に関連する資産や業務に関連するエクスポージャーが、プルーデンス規制上の特別な扱いが正当といえるのかを評価すること、第 2 の柱の監督検証・評価プロセスにおいて ESG リスクが含まれる可能性を評価すること、そして第 3 の柱では、ディスクロージャー要件を適用するための細則（technical standards）に ESG リスクを盛り込むこと等が示された。

　第 1 の柱では、銀行が保有する資産などに含まれるリスクに応じて算出するリスク性資産を分母に、最低基準として 4.5% の普通株式などを Tier1 資本、6% の Tier1 資本、8% の自己資本を保有することを定めている。そこに EBA は該当する資産などの銀行が抱えるリスクの評価方法において気候変動に関連した物理的リスクと気候変動対応による市場の変化にともなう移行リスクを評価するための適切な基準の開発と、与信において気候変動に対応することによる金融システムや銀行貸出への影響の評価を行うこととなっている。この評価期限は 2025 年 6 月とされており、パブリックオピニオンの聴取なども期間中に行うこととなっている。

　第 2 の柱に関して、EU には個別銀行のリスクを定期的に評価する SREP（Supervisory Review and Evaluation Process: 監督レビューと評価プロセス）がある。SREP では、監督当局が 1）ビジネスモデル、2）ガバナンスとリスク管理、3）リスクに対する自己資本の充足程度、4）流動性リスクへの対応能力という視点から銀行の健全性が評価される。これによって、不十分な点があれば、監督当局は個別行に改善を求めることができる。CRR2/CRR5 は EBA に対して、SREP に ESG リスクを組み込むことができるかの評価を義務づけた。これには 4 つの観点からの評価が求められる。

　第 1 に物理的リスクと移行リスクを含む EU レベルでの ESG リスクの共通定義を検討することにある。第 2 に、ストレステストやシナリオ分析を通じて、ESG リスクが金融システムに与える影響評価のための定量的かつ定性的な基

準の策定である。第3に、ESGリスクが貸出や金融仲介機能に与える影響評価のための分析手法の開発である。第4に、ESGリスクを各銀行が評価・管理するためのプロセスや戦略という観点である。

2021年6月にこれら「第2の柱」に関した報告書を公表した。そこでは、監督上の検証・評価プロセス（SREP）にESGリスクを含める可能性を示唆し、ESGリスクとそのリスクの移行経路の共通定義の提示、ESGリスク評価方法の特定、そしてESGリスクを適時に事業戦略・ガバナンス・リスク管理に統合することを推奨している。

このレポートは、金融リスクに影響を与える金融資産や金融取引の取引相手にESG要因による衝撃があり得ること、ESGリスク管理に必要とされる指標、メトリックス、そして評価手法を示している。

さらに、2022年1月に、第3の柱の開示基準が発表されたたことで、銀行のバランスシートに対して気候変動がどのように悪化させるのか、そのリスクをどのようにして軽減しているのか等の評価が可能となる。

EBAは気候変動リスク、緩和行動、グリーン資産レシオ（Green Asset Ratio: GAR）、銀行勘定でのタクソノミー整合性レシオ（Banking Book Taxonomy Alignment Ratio: BTAR）を開示することを、欧州の大手銀行に求めることになる。

GARは金融機関が保有する資産のうち、どの程度がEUタクソノミーで分類されたグリーンに相当するのかを示す比率となる。BTARはGARを補完するため、NFRD開示規則には従わなくてもよい非金融機関企業向けに、それらがタクソノミー基準にどの程度、遵守されているのかを示す追加情報となる。ここでNFRDとはEUによる非財務情報開示指令（NFRD：Nonfinancial Reporting Directive）をさし、2014年に公表されたEUにおける非財務情報の開示フレームワークである。この指令では、従業員500人を超える大企業は、少なくとも環境、社会、雇用、人権の尊重、汚職・贈収賄の防止などに関連する事項に関する5つの事項である①ビジネスモデル、②デューデリジェンス・プロセスを含むポリシー、③ポリシーの結果、④主要なリスクおよびその管理方法、⑤非財務重要業績評価指標（KPI）を、経営報告書（Management

Report）の中で「遵守せよ、さもなくば説明せよ（Comply or Explain）原則」に基づいて開示することを定めている。

　GAR を求める根拠データは、NFRD 開示規則に従う大手金融機関から入手される。また、BTAR を求めるためのデータは、金融機関の取引相手からか、あるいは推定値によって求められるとする。

　GAR は次式で定義される。

$$GAR = \frac{タクソノミーに準拠した資産}{タクソノミーに準拠した資産 + タクソノミーに準拠しない資産}$$

タクソノミーに準拠した資産構成として、1）他の金融機関向け債権や株式、2）家計向け債権、3）地方政府向け債権、4）NFRD の対象となる従業員 500 人以上の大企業向け債権が含まれる。

　また、BTAR は次式で定義される。

$$BTAR = \frac{GAR の分子となるタクソノミーに準拠した資産 + NFRD の対象とはならない EU 域内外の企業向けタクソノミーに準拠した資産}{BTAR の分子 + タクソノミーに準拠しない資産}$$

　GAR と BTAR との違いは、さきの NFRD の対象にならない企業における、タクソノミー準拠資産を分子に入れて計算するか、しないかである。GAR のみでは対象企業が絞られるため、BTAR によって、金融機関の全資産がどの程度、タクソノミーに準拠したものなのかを把握しようとする狙いがある。これらにより、物理的リスクと移行リスクが、金融機関の財務にどの程度の影響を与えるのかを、監督当局が把握しようとするものである。ただし、BIS による自己資本比率規制のように、各比率を何%以上にしなければならないかといった合意にはいたっていない。

　このように、第 3 の柱に関する開示基準が発表されたことで、ESG リスク

を自己資本比率規制に反映させる一歩が進み出した[5]。ただし、第1、第2の柱についての詳細は今後の検討をすることとなっており、今後の展開を注視する必要がある。

（3）EBA のロードマップ

さらに、欧州銀行監督局（EBA）は、2022 年 12 月 12 日に、サステナブル・ファイナンスのロードマップを設定した。これは 2019 年に発表された第一次アクションプランを引き継ぐものとなっている。ESG リスクの開示と、そのリスクの経営への埋め込みに主眼がおかれ、ESG 課題の透明性の向上、金融機関のリスク管理フレームワークへの ESG 関連リスクの組み込み、グリーンウォッシュリスクへの対応などを重点分野として掲げている。具体的なロードマップは次のように 8 段階が設定されている。

第1段階を透明性と情報開示とする。これにより、情報アクセスを改善し、市場原理を強めようとする。具体的には、EBA は、ESG リスクの開示テンプレートの作成を継続し、気候以外の ESG リスクの指標の開示などについても検討する。また、証券化されたエクスポージャーによってファイナンスされた資産が気候およびその他のサステナビリティ要因に与える負の影響について証券化のオリジネーターが開示する情報を標準化する。

第2段階として、ESG 要素とリスクをリスク管理・監督フレームワークに統合する。具体的には、2024 年までに① ESG リスクの特定、測定、管理およびモニタリングに関するガイドラインの作成と②監督上のレビューと評価プロセスにおいて ESG リスクに関するガイドラインを策定することとなっている。

第3段階として、エクスポージャーの慎重な取り扱いをすることとし、環境と社会的リスクをより認知することに努める。2023 年中旬までに、環境・社会目的とかなり関係する、あるいは、環境・社会インパクトを受ける資産や活

5　ただし、自己資本比率規制にグリーンの要素を入れることに関しては、課題が残る。それに関しては高屋（2023a）を参照。

動にかかるエクスポージャーを第1の柱で取り扱うことの妥当性を検討することが求められる。

　第4段階として、銀行向けのストレステストを実行し、銀行の脆弱性を識別するのを手助けするためのストレステストフレームワークに、徐々にESGリスクを埋め込む。具体的には、気候変動が銀行部門に与える影響を評価するための共通の方法を策定する。また、気候変動だけでなく、他のESG要素の長期的な負の影響に対する頑健性を検証するガイドラインを提供するため、銀行のストレステストに関するガイドラインの評価を行う。さらに、他の監督当局と共同して気候リスクに焦点を当てた監督上のESGストレステストのためのガイドラインを策定する。

　第5段階として、基準とラベルの設定をし、それによってサステナブルな金融商品（banking products）を定義したり、その開発をサポートする。その中で2022年11月の欧州委員会からの要請を受け、個人向けグリーンローンやグリーン住宅ローンを設けることのメリットを検討するほか、個人や中小企業がグリーンな金融に容易にアクセスできる方法を検討することとなっている。

　第6段階として、グリーンウォッシングに関して、その特徴、原因、そしてそのリスクを特定化し監督フレームワークとの相互作用を評価する。

　第7段階として、監督報告に関して、その報告においてESGリスクに関する情報を導入する。そのため、2023年からESGリスクの監督上の報告のためのテンプレートの作成を行う。

　第8段階として、ESGリスクとサステナブル・ファイナンスのモニタリングに関し、財務上重要な（material）ESGリスクとサステナブル・ファイナンスの進展をモニタリングする。モニタリングの枠組みは、当初は内部のモニタリング・ツールとして使用されるものの、将来的には、標準化された公開データや情報ツールを開発するために利用されることを予定する。

図表1　EBAによるロードマップの目標

出所）EBA（2022）より。

　EBAの認識には「ESGリスクが銀行を含む金融セクターのリスクを変化させており、すべての利害関係者による行動を求めている」ことがあり、そのため監督当局がESGリスクに関与して「強靭で持続可能な欧州金融セクターへの移行を支援する」という役割を担っているということがある。

　EBAは、銀行のESGリスクと幅広いサステナビリティ開示の開発と実施を継続することが重要な優先事項の1つであると述べている。ロードマップで強調されている追加のアクションには、金融機関がESGリスクを厳しく管理するためのEUレベルの統一規則の策定、気候ストレステストのさらなる開発、ESG問題に関連するエクスポージャーの専用のプルデンシャル処理が妥当であるかどうかの検討、ESG基準およびラベルの評価、グリーンウォッシュリスクへの対処方法の特定、リスク評価およびモニタリングのためのストレステストおよびシナリオ分析の利用が含まれている。

　今後、EBAはプルーデンス政策の3つの柱に気候変動だけではないESGリスクを埋め込み、金融機関と金融システムの長期的な安定を狙おうとしてい

る。EBA は監督ルールを策定する機関であるため、実際の監督業務を行うのは EU 各国の監督当局である。ルールを通じて、EBA がそれらに対して欧州グリーンディールが目指す脱炭素社会への移行を、金融面で支援するという方向性は、今後も変わらないものといえよう。

3. 金融機関の取り組み―商業銀行の事例―

　前節では EU の監督機関である EBA のサステナブル・ファイナンスへの取り組みを述べてきた。この節では、今までの欧州金融機関がどのような取り組みをしてきたのかを概観する。ただし、EBA によるルールが設定され、それが施行されれば EU の大手金融機関を始め中小規模の金融機関もシングルルールの下、サステナブル・ファイナンスに取り組むことにはなる。そのため、以下で紹介する金融機関は、それらに先んじて行ってきた事例ということとなる。ここでは協同組合組織金融機関であり、ソーシャル・バンクとして既知であるGLS 銀行（ドイツ）、欧州大手金融機関では気候変動対策に積極的に取り組んでいる BNP パリバ銀行（フランス）、そしてイタリアでの預金取扱額第 3 位のバンコ BPM（イタリア）を取り上げる。

　ただし、BNP パリバとバンコ BPM は直接、EBA によるルールと欧州中央銀行（ECB）による監督下にある金融機関であるが、GLS 銀行は小規模金融機関であるため、ECB の直接監督下ではなく、ドイツの協同組合法に基づくものだが、監督は連邦金融監督庁（BaFin）が行う。BaFin には原則、モニタリングの報告を行うこととなり、自前の監督機能ともいえる自主規制団体や属する銀行グループによる監督を重視している。

（1）GLS 銀行
　近年、ESG 金融への関心が高いが、1970 年代より、欧米では社会的銀行（Social Bank）と呼ばれるカテゴリーの金融機関が営業している。利益とともに環境

や社会的価値を重視した金融活動を通じて、環境や社会の改善をめざすことを理念としている。例えば、オランダではトリオドス銀行、ドイツでは GLS 銀行、イタリアではバンク・エティカなどがある[6]。アメリカにもかつて社会的銀行として、ショアバンクが営業していたが、リーマンショック後の 2010 年に経営破綻した。

　オランダのトリオドス銀行は環境を重視した金融活動で知られるが、ここでは環境および社会的活動を重視している協同組合組織であるドイツの GLS 銀行（Gemeinschaft für Leihen und Schenken）を取り上げる[7]。GLS 銀行は社会的銀行としてドイツでは最初の地域金融機関であり、1974 年に設立され、本部をドイツ・ボーフムにおく。GLS は協同組合金融機関の一つであるが、VR（フォルクスバンク・ライファイゼンバンク）銀行グループの一角を構成する。そのため BaFin よりもむしろ VR による監督を重視しているといえる。

　社会的銀行の目標は利潤最大化ではなく、社会的理念や倫理を経済活動に取り入れることであり、各社会的銀行が重視する分野には違いがある。GLS は社会的分野、特に教育や芸術に関わる分野への融資や贈与を重視している。さらに、社会的分野だけでなく、環境への取り組みも行っている。

　GLS の取り組みの一つとして、地域の専門機関と連携して CO_2 排出量削減を進めるものとして、”Stop Climate Change” という認証サービスを行っている[8]。専門機関による評価を受けたプロジェクトに対して、GLS 銀行が認証を行い、その後、融資を行うことになるが、融資後も CO_2 排出量のモニタリングの手法の開発やテストも専門機関が担う。

　一般的に、規模の小さい地域金融機関が自ら認証評価を行うのには、人材面、資金面、技術面での制約がある。そのため、自行だけで認証評価を行うのでは

6　ASN 銀行（オランダ）・バンク・エティカ（イタリア）・コーポラティブ銀行（イギリス）・チャリティ銀行（イギリス）・オルタナティブ銀行（スイス）・エコバンク（スウェーデン）・ニュー・リソース・バンク（アメリカ）・グラミン銀行（バングラデシュ）
7　Gemeinschaft für Leihen und Schenken を直訳すると、「貸出と寄付のための共同体」となるが、ここでは略称の GLS を用いる。
8　専門機関として、KrimActive 社、Wuppertal Institute 社がある。

なく、地域に存在する専門他社のリソースを活用し、それらと協業することで認証評価を行う仕組みを GLS は採用している。これは、ドイツの他地域、またドイツ以外の EU 加盟国地域にも応用できるスキームではないかと考えられる。わが国同様に、欧州では中小規模の金融機関が多く営業しており、それらが自らサステナビリティ戦略とそれに整合した KPI を設定し、達成状況報告、第三者機関によるレビュー実施というプロセスを担うのは、困難な場合が多い。そのため、GLS のような事例が有効かもしれない。ただし、わが国の場合は、現在、ESG 評価に関わる専門機関、専門人材が不足しており、すぐに GLS のスキームを応用することは難しいであろう。専門機関と人材の養成が急務といえる。

　また、GLS の投資基準は、サステナビリティであるかどうかであるが、その評価は独立した投資委員会（independent investment committee）が責任を持つとする。すなわち、自己投資するすべての債券の選択をその委員会が行う。また、その決定プロセスについては "GLS Nachhaltigkeitsresearch" で公開される。

　融資基準では、当然であるが ESG 基準に合致した案件への融資を行う。図表3に、融資案件の分野比率を示しているが、再生可能エネルギーや、教育などの分野への融資の比重が高い。また、融資方法として特異な方法の一つを採用している。GLS という社名通り、融資・寄付コミュニティを融資先に構築させ、そのコミュニティに融資するといった方法である。

　これは次のような手法である。公共事業など収益率が低い案件に対して、融資する際、融資を受ける側が融資・寄付コミュニティを作る。そのコミュニティを通じて GLS から融資を受ける。返済するのはコミュニティではなくコミュニティのメンバーである。すなわち、メンバーが融資を受けたコミュニティに代位して返済することになるので、実質的にはメンバーからコミュニティへの寄付となる。これによって、少数個人が寄付するだけでは達成できないプロジェクト資金も、多数の個人から集めることができ、GLS としては、多数の寄付者（借り手）が関わることでリスクを分散することができる。なお、GLS

はコミュニティを構成する個々の寄付者（借り手）の信用審査をしたりはせず、また担保を取ることもしないとされる（Fink 2014）。

　また、GLSとともに他の銀行、金融サービスプロバイダー、富裕な個人、機関投資家とともに共同融資を行い、多額の資金需要に対応することもある。預金者が融資したい分野を選択することもGLSの特徴である。また、バンクシュピーゲル（Bankspiegel）という定期刊行物を発行し、現在融資を必要とするプロジェクトを掲載し、預金者は直接、プロジェクトを選択する直接融資を行っていた。この直接融資はいくつかの問題が発生し、現在は行われていないが、預金者が融資したい分野を選択したり、預金者が自分の預金がどのような事業に用いられているのか、また現在、どのような社会的事業に資金需要があるのかを通知する重要な手段となっている。そのため、バンクシュピーゲルには新規融資先、融資の利用目的、融資額が掲載されている。それにより、預金者は自分の預金がどのような事業に使用されているのかを知るために利用されている。

図表2　GLS銀行の基本情報

自己資本	7.07億ユーロ
総資産	92億ユーロ
預金残高	77億ユーロ
融資額	44億ユーロ
顧客数	32.1万人
協同組合員数	10万4000人
従業員数	820人

図表3　GLS銀行の融資比率

融資先	比率（%）
再生可能エネルギー	30
住宅	28
社会的課題と健康	16
教育と文化	11
生態系農業と食料	7
持続可能経済	9

出所）GLS Sustainability Report 2021より　https://nachhaltigkeitsbericht.gls-bank.de/

（2）BNPパリバの事例

　次に、フランスの大手行BNPパリバ（BNP Paribas）の取り組みを概観する。BNPパリバは、19世紀に創業したフランスのパリに本拠を置くグローバル金融機関で、アメリカ、アジア、中東、アフリカ、オセアニアなど多くの地域で

事業を展開する EU の大手金融機関である。同社は、投資銀行、企業銀行、資産管理、保険、個人向け銀行など、幅広い金融サービスを提供しており、また株式市場では仏株価指数である CAC40 指数に含まれる企業の一つである。

　BNP パリバは 2021 年 4 月、"Net-Zero Banking Alliance（NZBA）"の創立メンバーとなり、投融資先から生じる温室効果ガス排出量を 2050 年のカーボンニュートラル実現に必要な進捗に整合させることを目標にしている。BNPパリバは脱炭素社会への移行（transition）へのコミットメントとして、以下の分野での役割を定義している[9]。すなわち、

1) エネルギー転換と気候変動対策（Energy transition and climate action）
2) 自然資本と生物多様性（Natural capital and biodiversity）
3) サーキュラーエコノミー（Circular economy）
4) 責任ある貯蓄と投資（Responsible savings and investments）
5) サステナブル・ファイナンスにおける専門家
　　（Our experts in sustainable finance）
6) 資金調達と投資方針（Financing and investment policies）

　1）に関して、パリバは銀行だけでなく証券等を含むグループとして、2030年までに低炭素エネルギーや再生可能エネルギーの生産のための融資残高が400 億ユーロに達することを目指すとしている。さらに石油の探査・生産への融資を 80% 削減するとする。これらにより、顧客の気候変動対策を支援し、グリーンイノベーションをサポートし、CO_2 の排出を削減することを促すとしている。

　2）に関して、BNP パリバは自然資本の保護に貢献するために、自然資本保護の方針を策定し、自然資本保護にプラスの影響をもたらす行動に資金を提供することとしている。さらに、2025 年末までに、すべての法人顧客を生物多

9　これらに関しては、次のウェブサイトを参照している。
　https://group.bnpparibas/en/our-commitments/transitions

様性関連の基準に沿って評価するとしている。

　3）に関して、生態系を維持し、エネルギーを節約する最善の方法の一つは、製品製造の従来の直線的なライフ サイクル（原材料を用いて製品を製造、消費、廃棄する）から転換し、サーキュラーエコノミーを促す。そのため、製品の使用、共有、または製品寿命（lifespan）の延長に取り組むことによって、サーキュラーエコノミーが再生不可能な資源の消費、廃棄物の発生、そして温室効果ガスの排出を削減するとする。

　4）に関して、市民と企業が貯蓄を通じて、環境保護や社会的不平等の削減に貢献するプロジェクトを、積極的に支援することを表明している。すでにそれらにインパクトを与える企業に投資しているが、大企業向けのグリーン融資やグリーンボンド、そして機関投資家や個人投資家向けにグリーン認証のあるファンドといった「責任ある投資」を顧客に提供するとする。また過去 15 年間で、資金が持続可能な方法で投資されていることを証明する欧州の認定ラベルが 12 設立されているが（SRI、Towards Sustainability、Nordic Swan、LuxFLAG ESG、FNG-Siegel、Umweltzeichen 等）、独立機関による厳格な検査に基づいて、BNP パリバアセットマネジメントの 156 のファンドが、それらの認定を受けている。

　5）に関して、BNP パリバは顧客に対して、グループ内の専門家からの支援を受けることができるとする。たとえば、大企業の低炭素移行の支援のため国際的な専門家で構成される Low-Carbon Transition Group や、脱炭素関連ビジネスの起業家を支援する Act for Impact といった専門家グループがある。また、BNP パリバは 2022 年秋から「サステナビリティ アカデミー」という教育プラットフォームを構築し、それへのアクセスによって従業員全員に環境への移行の問題についてトレーニングと、情報を提供することを始めている。このプラットフォームは、専用のトレーニングコース、実践的なシート、ニュースなどのコンテンツをまとめたものとなる。

　6）に関連して、国連の持続可能な開発目標（SDGs）に沿って、低炭素エネルギー転換を支援したり、森林伐採を削減し、すべての人々の安全を守るため

の触媒（catalyst）としての役割を果たすとしている。さらに、BNPパリバの
すべての部門での方針には、ESG基準に基づいて労働者と地域社会の人権が
保護されるとする。

　またBNPパリバは、顧客の持続可能な経済への移行を加速するために、よ
り持続可能な経済への移行に必要な投資に資金の流れを向けることを中心とし
た、2025年GTS（Growth, Technology, Sustainability）戦略計画を開始している。

図表4　BNPパリバのESGパフォーマンスの推移

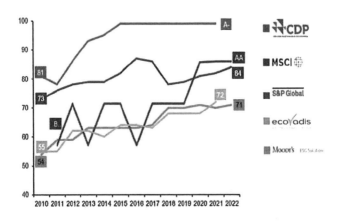

出所）BNPパリバ（2023）「BNPパリバ、コーポレート・ナイツの「世
　　　界で最も持続可能な企業100社」でフランスの銀行1位、世
　　　界の銀行4位」1月23日、
　　　https://www.bnpparibas.jp/ja/corporate-knights-2023/

　これらの計画と取り組みの多くは、既にCSR戦略として2010年から始まっ
ており、ESG戦略が実行されてきたといえる。たとえば、その結果は図表4
で示される追加的な格付け（ESG格付け）によって、BNPパリバのESGパフォー
マンスの向上が示唆される。

(3) バンコ BPM

　バンコ BPM グループは、2017 年 1 月に Banco Popolare と Banca Popolare di Milano が合併して設立されたイタリア国内 3 位の銀行グループである。北イタリアを中心に事業を展開し、2021 年末の総資産は 2,005 億ユーロ、収益 45.1 億ユーロ、従業員数 19,900 人、支店数 1,508、顧客数は約 370 万人 154 である。国内 3 位の銀行ではあるが、グループ総収益に占めるシェアのうち、最も高いのが個人向け業務（Retail）であり、全業務の過半数を占めている。

　バンコ BPM グループのサステナビリティレポート 2021 によると、次のような開示がなされている。開示義務の対象資産（中央政府、中央銀行、国際機関等が発行する証券ならびにトレーディング勘定のエクスポージャーを総資産から差し引いた資産）が総資産の 66.12％の 1347.6 億ユーロである。また総資産のうち、タクソノミーでのグリーン適格の資産の割合（エクスポージャー）が、21.26％、不適格なエクスポージャーが 5.27％、開示対象外の企業へのエクスポージャーは 57.86％、翌日物インターバンクローンの割合が 0.16％、デリバティブのエクスポージャーが 0.09％、中央政府、中央銀行、超国家機関へのエクスポージャーは 31.66％、トレーディング勘定の割合が 2.22％となっている。

　イタリア第 3 位の銀行とはいえ、地域金融機関 2 行が合併した銀行であるため、開示対象外の企業への融資割合が高く、欧州の地域金融機関の典型例であろう。その中で、グリーン資産比率が 20％あり、今後、その割合を高める可能性はあろう。また開示対象外の企業へのエクスポージャーについては、第 2 節で述べた EBA が求める銀行勘定でのタクソノミー整合性レシオ（BTAR）として開示する必要が今後、生じてくるため、中小企業へのグリーン融資を高めていくことが想定される。

　イタリアでは欧州グリーンディールならびに EU 復興基金である「次世代 EU（NGEU）」をうけて、政府によって 2020 年に「国家復興・レジリエンス計画（NRRP）」が策定された。2021 年から 2016 年までの期間に 1,915 億ユーロの資金が用意されている。イタリアではデジタル化とイノベーション、脱炭素経済への移行、社会的包摂の 3 つの戦略軸に基づいて次の 6 つのミッション

に分かれている。(1)「デジタル化、イノベーション、競争、文化および観光」、(2)「グリーン革命および環境移行」、(3)「持続可能なモビリティーのためのインフラ」、(4)「教育と研究」、(5)「包摂と結束」、(6)「健康」の6つの柱で構成され、計16のプロジェクトを列挙している。

　1)では、行政、通信インフラ、生産システムを近代化し、デジタル移行を進めるとする。2)では、経済システムをサステナブルなものにし、競争力を確保するため、経済社会をグリーンでエコロジーなものへの移行を達成することをめざすとする。3)では全国の高速鉄道ネットワークの強化と拡張をめざし、特にイタリア南部の鉄道ネットワークを強化することを目的としている。4)では、教育サービスにおける質を引き上げ、また量的にも増強して、これまでの構造的な欠陥を是正することを狙いとする。5)では社会インフラへの投資や「積極的労働政策」の強化、女性起業家への支援強化などを挙げている。6)では、国民保険サービス（SSN）での設備の近代化と地域の保健医療の強化を挙げている。

　特に(2)「グリーン革命および環境移行」に全体の約3割の予算があてられ、再生可能エネルギーや水素の利用拡大などを含むエネルギー関連施策を重視している。さらに(1)「デジタル化、イノベーション、競争力文化および観光」に2番目に予算額があてられ、デジタル化の遅滞改善に取り組んで生産性の引き上げを狙っている。

　そのためバンコBNPも貸付と助成金を通じて、NRRPを支援することとなっている。すなわち、NRRPが想定する持続可能な経済活動を促進したり支援したりすることを経営戦略に位置づけているといえる。それにより、NRRPを促し生産構造の一部を変革し、さらには地域の雇用の創出も促すとする。NRRPに由来する経済活動が新たな資金需要をもたらし、バンコBNPの経営戦略としても重要な意味を持つものとする。

4. むすび

　本章では、欧州グリーンディールでの金融機関の役割を検討してきた。ここ
で取り上げた金融機関は 3 行のみであるが、EU がグリーンディールを公表し
て以降、多くの金融機関が同様の情報開示と類似したサステナビリティ戦略を
策定している。ただし、大手金融機関と中小金融機関では、その差がある。こ
こで取り上げた GLS 銀行は設立当初より ESG に取り組んできたが、現時点で
は欧州での中小金融機関は人材や資金面で、対応が遅れているところもある。
今後、EU がグリーンディールを進めるためには、サステナブル・ファイナン
ス戦略を円滑に進められるように中小金融機関への支援も必要となろう。それ
に加え、サステナブル・ファイナンス戦略が進んでいる大手金融機関や中規模
金融機関と、中小金融機関がグリーン投融資の面で業務提携し、人材面や技術
面での遅れを埋めることも考えられる。

　特にイタリアやドイツなどのように、欧州で中小の地域金融機関は地場産業
を支える要としての役割を担っている。その地域金融機関がサステナブル・ファ
イナンス戦略を進めることを通じて、顧客の企業にもグリーン化を促すという、
グリーンディールの狙いが具現化することができる。

　本章で紹介した欧州銀行の事例が与える、わが国に対する示唆として、次の
ようなことが考えられる。まず、気候変動対策への取り組みを本業の投融資に
明示的に組み込むことである。すでに、わが国でもグリーン融資を積極的に行っ
ている金融機関はあるが、多くの銀行に広がりを持たせるには、EBA のよう
に監督当局がロードマップを策定し、それに沿って各行が ESG 戦略を順序だ
てて策定していくことが重要であろう。むろん、地域金融機関の置かれた金融・
経済環境は異なるものであろうが、各行の状況に応じつつも方向性は一致させ
てゆくことが必要である。これは EU 加盟国の金融機関にとっても同様である。

　また、欧州の金融機関の事例でも示したが、大手行と中小の銀行とでは
ESG 戦略にかけられる人材、コストは異なる。そのため、大手行のほうが気

候変動対策を取りやすいのは、欧州でもわが国でも同様である。ただし、欧州では中小の銀行であっても ESG を重視した投融資を行いつつあり、わが国の金融機関でも期待したい。そのため、ESG 投融資を専門とする人材育成が肝要であろう。この点は、欧州金融機関も同様の課題である。欧州でも大手行には ESG を専門とする人材とチームが設置されているため、大手金融機関は脱炭素移行を進めやすい。そのため、大手金融機関と中小金融機関とが業務提携を行うなどの取り組みも必要であると指摘した。そのことは、わが国の金融機関にとっても同様であると考える。中小の地域金融機関と大手金融機関が ESG 投融資の面で、ノウハウの提供や、業務を委託するなどの協力も考えられる。これらが今後の課題であると考える。

参考文献

European Banking Authority（2022）*The Road Map on Sustainable Finance*, December.
European Commission（2019）*The European Green Deal*, COM（2019）640 Final.
Fink, A.（2014）Bank als Schulungsweg, Mayer INF03.
Horst G.,H. and B. Hertz（2021）"Current challenges for SMEs and regional banks in the European Union" Institute of European Democrats, September.
Triodos Bank（2010）"Annual Report"
川橋仁美（2021）「BNP パリバの気 候変動への取り組み」『金融 IT フォーカス』10 月号
　　野村総合研究所金融デジタルビジネスリサーチ部　https://www.nri.com/-/media/Corporate/jp/Files/PDF/knowledge/publication/kinyu_itf/2021/10/itf_202110_5.pdf?la=ja-JP&hash=CB35ECCB13A57DD5E5698FD2C2AAAD342497B396
小立　敬（2022）「気候リスクに対応する金融監督・規制の現在と将来—バーゼルⅢはどのように対応できるのか？—」『野村サステナビリティクォータリー』2022 年春号、30-51

佐藤秀樹（2022）「EBA（欧州銀行機構）と EU のプルーデンス政策：銀行規制の一
　　本化の先駆的実践」Discussion Paper Series, No. 65、金沢大学、6 月
高屋定美（2023a）「グリーンディールと欧州中央銀行の役割」蓮見　雄・高屋定美
　　編著『欧州グリーンディールと EU 経済の復興』所収、文眞堂、177-196
高屋定美（2023b）「EU タクソノミーが与える EU 域内の金融・経済活動への影響」
　　蓮見　雄・高屋定美編著『欧州グリーンディールと EU 経済の復興』所収、文眞堂、
　　225-260
田中洋子・田中　光（2021）「日本とドイツにおける協同組合金融機関の歴史的比較
　　研究」『国際日本研究』第 12 号、筑波大学大学院人文社会科学研究科、45-62
蓮見　雄（2023）「欧州グリーンディールの射程」蓮見　雄・高屋定美編著『欧州グリー
　　ンディールと EU 経済の復興』所収、文眞堂、1-55
林　公則（2016）「社会的銀行における特殊な運営方法—GLS 銀行を参考に」環境金
　　融研究機構 https://rief-jp.org/book/57366
藤井良広（2007）『金融 NPO』岩波新書

第4章

ASN 銀行の投融資における
サステナビリティ方針の概要[#]

愛知学院大学商学部准教授　**橋本 理博**

1. はじめに

　本稿の課題は、オランダの ASN 銀行（ASN Bank）が投融資判断の際に用いるサステナビリティ方針の概要を示すことである。同行は SDGs を支持し、投融資を判断する際に、投融資先が自行の定めるサステナビリティ方針に適合しているかを評価している。こうしたサステナビリティ方針や評価方法のガイドラインをまとめたものが ASN Bank Sustainability Guide（以下「サステナビリティ・ガイド」と記す）である。本稿では、この内容をもとに ASN 銀行による ESG 金融の取り組みを概観していく。

　SDGs（Sustainable Development Goals）とは 2015 年 9 月の国連サミットで採択された「持続可能な開発のための 2030 アジェンダ」に記載された、2030年までに持続可能でよりよい世界を目指す国際目標である。SDGs は 17 のゴール・169 のターゲットで構成され、「誰一人取り残さない」ことを誓う。日本政府も、2016 年 5 月に SDGs 推進本部を設置するなど、SDGs 達成に向けた取り組みを行っている[1]。また近年、金融の分野では「環境（environment）」・「社会（social）」・「ガバナンス（governance）」の要素を考慮した投融資を行う「ESG金融」の考え方が定着しつつあるが、ESG 課題に取り組むことは SDGs 目標

[#] 本章はアジア太平洋研究所「地球金融プロジェクト」（リサーチリーダー家森信善神戸大学教授）における研究成果の一部である。
1　外務省 HP を参照。https://www.mofa.go.jp/mofaj/gaiko/oda/sdgs/about/index.html。なお、本稿には SDGs ターゲットの記号が表示されるが、煩雑を避けるため具体的なターゲットの内容を本文中に記載しない。SDGs ターゲットの詳細は環境省[2020]等を参照されたい。

の達成に貢献すると言われている[2]。

　持続可能な社会を実現するために、ESG 要素を考慮した金融を行うのがサステナブルファイナンスである。この分野で世界的に先行した取り組みを行っているのが EU（欧州連合）であり、2018 年に包括的な「サステナブルファイナンス行動計画」を発表するなど、枠組み作りや法・規制の整備を進めている。その中でも、先進的な取り組みを行うのがオランダの金融機関であり、とりわけ ASN 銀行は、PCAF や PBAF（金融機関に特化した国際的な環境イニシアチブ）の設立を主導するなど、ESG 金融の分野で中心的な役割を果たしている。同行は、すべての投融資先で 2030 年までに、①気候ポジティブ（CO_2 排出量マイナス）にする、②生物多様性をポジティブにする、③途上国における衣料品企業向けファイナンスでは労働者の最低賃金確保を条件とする、という目標を掲げる。藤井［2021］によれば、「ASN が投融資の除外対象とする企業は、市場全体の『環境・社会』評価で『黄信号』扱いになるとみなされるほど」（107 頁）だと言われる。

　金融庁［2022］も持続可能な社会を実現させるためにはサステナブルファイナンスの推進が不可欠であると述べている。先駆的と言われる ASN 銀行の取り組みは、ESG 金融を進めていく日本の金融機関に有益な示唆を与えると思われる。そこで本稿では、ASN 銀行による ESG 金融の取り組みを、同行が 2022 年に公表したサステナビリティ・ガイドの内容を通じて確認する。

　以下では、サステナビリティ・ガイドに示された ASN 銀行のサステナビリティ方針の基礎にある同行のビジョン（理念）やミッション（使命）を確認し、それに続いて同行が投融資対象について行う選別方針を概観する。選別方針は、国債や ESG 債、環境プロジェクト、企業等について述べられているが、本稿では ASN 銀行における「除外すべき活動」、「回避すべき活動」を重点的に取り上げる。同行の方針に照らして、どのような経済活動が対象から外れるのかを確認できる好例だと思われるからである。本稿に示す内容は、特段の断りが

2　年金積立金管理運用独立行政法人（GPIF）HP を参照。https://www.gpif.go.jp/

ない限り、サステナビリティ・ガイドの内容に依拠している。

2.ASN 銀行の概要：ビジョン（理念）とミッション（使命）

　ASN 銀行は、現在はフォルクスバンク（De Volksbank）グループ傘下にあるが、それ自体は従業員数が 200 人にも満たない中堅銀行である。1960 年に労働組合の貯蓄銀行として設立され、当初から環境保全や社会正義を重視した投融資を実施してきたという歴史を持つ。同行は、持続可能な社会の実現のため「人権」「気候」「生物多様性」を柱に据え、これら柱に基づいた投融資判断を行っている。

　ASN 銀行が掲げる具体的なビジョンとミッションを確認しよう。同行は設立以来、「持続可能で、人々が他者を傷つけることなく自身の選択を自由に行え、そして誰しもが教育、良好な住環境、医療にアクセスできる貧困のない社会の実現」を理念に掲げる（ASN Bank［2022］p.5）。「持続可能」な発展とは「将来世代の人々が自分たちのニーズを満たす能力を損ねることなく、現在のニーズを満たす発展」とする国連の定義そのものである。持続可能な社会の実現に必要と考えられる「人権」、「気候」、「生物多様性」を 3 つの柱とし、加えて「ガバナンス」と「アニマルウェルフェア（動物福祉）」も重要なテーマに位置づける。

　ミッションは次の通りである。「我々の経済活動は、社会の持続可能性を促進することを目的とする。我々は、悪影響が次世代に引き継がれ、環境や自然、脆弱なコミュニティに押し付けられる過程に終止符を打つことを目指す変化を支援する。その際、当行の健全な存続を維持するため、長期リターンを得る必要があるという視点を失わない。我々は、顧客から預った資金を顧客の期待に応える形で運用する」（ASN Bank［2022］p.7）。こうしたビジョンとミッションがポリシー（方針）に落とし込まれている。この方針を実践するうえでのガイドラインを示したものがサステナビリティ・ガイドである。その関係を整理したものが図表 1 である。次節でその概要を確認する。

図表1　サステナブル・ポリシー・ヒエラルキー

存在意義	ビジョン ・持続可能で、人々が他者を傷つけることなく自身の選択を自由に行え、そして誰しもが教育、良好な住環境、医療にアクセスできる貧困のない社会の実現
理念から実践へ	ミッション ・社会の持続可能性の促進 ・経済活動による悪影響が、次世代に引き継がれたり、環境や自然、脆弱なコミュニティに押し付けられたりするプロセスに終止符を打つことを意図した変化を支援 ・銀行の健全な存続を維持するため、長期リターンを得る必要があるという視点を失わない。顧客から預った資金を、顧客の期待に応える形で運用

方針　ASN銀行およびASN投資ファンドの活動・投資のためのガイドライン・調査	サステナビリティ方針													
	気候				人権				生物多様性					
	その他（特定の分野や課題に支柱を合わせる）													
	金融サービス	輸送	循環型経済	プラスチック	再生可能エネルギー	生活と労働	消費者保護	ガバナンス	アニマルウェルフェア	サプライチェーンの方針	マイクロファイナンス	議決権行使の方針	リスクカントリー	国債
	サステナビリティ・ガイド （上記の指針に基づく調査のためのガイドライン・手続き）													

出所）ASN Bank［2022］pp.7-8をもとに筆者作成。

3. サステナビリティ方針の概要

(1) カントリーリスクの評価

　どの企業にもESG要素を侵害するリスクがあるが、国そのもののリスクが高ければ、そこで事業を展開する企業のリスクも高まると考えられる。人権が法律で保障され適切に運用されている国のほうが、そうでない国よりも人権侵害のリスクは低くなる。そのため、同行は国別のリスクを分析する。なお、こ

のリスク分析は企業やプロジェクトの評価に用いられ、国債への投資には後述する別の基準が適用される。

図表 2　カントリーリスクの評価：指標と根拠

トピック	指標	根拠
平和	安定性の程度、紛争の存在	・経済平和研究所：世界平和度指数 （Global Peace Index）
民主主義と自由	民主主義と自由の水準	・フリーダムハウス：世界の自由度 （Freedom in the World）
児童労働	児童労働のリスク	・ILO 条約第 138 号：1973 年の最低年齢条約 ・ILO 条約第 182 号：1999 年の最悪の形態の児童労働条約 ・ユニセフとグローバル・チャイルド・フォーラム：子どもの人権とビジネス・アトラス （Children's Rights and Business Atlas）
結社の自由	結社の自由の程度におけるリスク	・ILO 条約第 87 号：1948 年の結社の自由及び団結保護条約 ・ILO 条約第 98 号：1949 年の団結権及び団体交渉権条約 ・フリーダムハウス：「世界の自由度 （Freedom in the World）」サブスコア E ・国際労働組合総連合（ITCU）：世界人権指数 （Global Rights Index）
強制労働	強制労働が発生するリスク	・ILO 条約第 105 号：1957 年の強制労働廃止条約 ・ILO 条約第 29 号：1930 年の強制労働条約 ・Walk Free Foundation：世界奴隷指数 （Global Slave Index）
差別	差別が起こるリスク	・国連：あらゆる形態の人種差別の撤廃に関する国際条約（1965 年） ・国連：女子に対するあらゆる形態の差別の撤廃に関する条約（1979 年） ・ILO 条約第 100 号：1951 年の同一報酬条約 ・ILO 条約第 111 号：1958 年の差別待遇（雇用及び職業）条約
汚職	汚職が起こるリスク	・トランスペアレンシー・インターナショナル：腐敗認識指数（Corruption Perceptions Index）

出所）ASN Bank［2022］pp.9-11 の表をもとに筆者作成。

カントリーリスク分析では、国連で承認された国を 2 年ごとに審査する。「平和」、「民主主義と自由」、「児童労働」、「結社の自由」、「強制労働」、「差別」、「汚職」という 7 つの項目について各国の状況を調べ、スコア（高、中、低）を算出し、「低リスク国」、「中リスク国」、「高リスク国」に分類する。

　7 つの項目と指標、スコア算出の根拠をまとめたものが図表 2 である。各種団体や国際機関が発表する指数や、ASN 銀行が指定する国際条約への批准の有無が審査の材料となる。例えば「平和」が脅かされているほど、その国の企業の人権侵害リスクは高まると考えられる。その国が平和かどうかは当該国の安定性の程度や紛争の存在によって判断され、それを測る材料には経済平和研究所（Institute for Economic and Peace: IEP）による「世界平和度指数（Global Peace Index: GPI）」が利用される。

(2) 国債・地方政府に対する投資

　国や地方政府に対する投資でも、人権、気候、生物多様性について、ある特定の基準を満たす場合のみ投資が承認される。「除外基準」により国を選別し、「サステナブル基準」に照らして持続可能な投資目的の達成に取り組む国を審査する。

　除外基準による審査を確認しよう。「人権」については、国際法を違反するか、その恐れがある国は投資対象から除外され、特定の基準を満たしていれば投資対象として選定される。例えば、「人道に対する罪」として拷問があるが、その国が拷問等禁止条約（CAT）に批准していれば投資が承認される。また、核兵器や化学兵器等の問題兵器については、核兵器不拡散条約（NPT）や包括的核実験禁止条約（CNBT）など、ASN 銀行が指定する国際条約に全て批准していることが条件となる。

　「気候」については、パリ協定に批准している国は承認されるが、気候変動の問題に積極的に取り組まない国は投資対象から除外される。「生物多様性」についても、ASN 銀行は生物多様性条約（CBD）やワシントン条約（CITES）等の国際条約を支持しており、生物多様性の保全に積極的に貢献しない国は投

資対象から外れる。

　こうした基準を適用し、除外されなかった国の中から、サステナビリティ基準により優れた国を選定する。図表3に示される指標によりスコアが算出され、各国の数値と予め決められた最良値との差を評価する。そして、3つの柱（人権、気候、生物多様性）に同じ重みづけをして加重平均を算出して、最終的なスコアが評価される。

図表3　国別評価の指標

人権 （SDGs ターゲット：4.1, 4.5, 5.1, 5.2, 5.5, 5.c, 8.7, 10.3, 10.4, 10.b, 16.5, 16.10, 16.b, 17.2）	
国防費	国家予算に占める国防費の割合
汚職	汚職のリスク
所得不平等	最も高い所得層と最も低い所得層の差
開発支援	政府支出における開発支援の割合
言論の自由	言論の自由を制限するリスク
児童労働	児童労働が生じるリスク
強制労働	強制労働が生じるリスク
差別	差別のリスク
結社の自由	結社の自由が制限されるリスク
気候 （SDGs ターゲット：7.2, 13.2）	
温室効果ガス	1人当たり温室効果ガス排出量
再生可能エネルギー電力	総発電量に占める再生可能エネルギー電力の割合
生物多様性 （SDGs ターゲット：3.9, 6.3, 11.6, 12.4, 12.5, 13.a, 15.6, 15.9）	
核エネルギー	生産された1人当たり核エネルギー量
自然環境保護地域	自然環境保護地域の表面積
大気汚染	1人当たり硫黄酸化物排出量
廃棄物処理	1人当たりの陸上廃棄物処理量

出所）ASN Bank［2022］p.16 の表をもとに筆者作成。

(3) ESG 債やサステナブルプロジェクトの評価

　ASN 銀行は、ESG 債（グリーンボンド、ソーシャルボンド、サステナブルボンド）にも投資している。投資には、発行体の活動内容や、調達資金がどのような対象に投資されるのか、金融機関が発行体である場合には投融資ポートフォリオ等が審査される。

ESG 債によって調達された資金の投資先や金融機関のポートフォリオに、後述する「除外すべき活動」または「回避すべき活動」に資金を供給している場合には投資対象から外れる場合がある。例えばグリーンボンドでは、バイオマスやダムなどのプロジェクトへの投資が排除の理由となる。また、プロジェクトの内容が不透明な場合にも投資対象から除外される。また、ASN 銀行では、「グリーンボンド」、「ソーシャルボンド」、「サステナブルボンド」と呼ばれる債券について独自の定義を設けており、それを満たしていない場合には投資対象外となる。

　ASN 銀行は、風力発電所、太陽エネルギープロジェクト、蓄熱システムなど、再生可能エネルギーに関連するプロジェクトや、エネルギー消費を大幅に削減するようなプロジェクトにも投融資している。これらのサステナブルプロジェクトについても、計画ごとに評価基準が設けられているが、後述の「除外すべき活動」と「回避すべき活動」に関する基準も満たす必要がある。

(4)「除外すべき活動」と「回避すべき活動」

　サステナビリティ・ガイドには、「除外すべき活動」、「回避すべき活動」は、ASN インパクト・インベスターズ（ASN Impact Investors: AII）が持つインパクト投資ファンド（ASN Duurzaam Aandelenfonds、ASN Milieu en Waterfonds、ASN Duurzaam Small en Midcapfonds）に用いられる投資基準として記載されている。したがって、ここでは「投資」という表現が用いられるが、これらの基準は ASN 銀行の融資にも適用される。

　企業のリスクを分析する場合、まず、事業分野と企業自体の活動に関するリスクを特定する。その際にも根拠となるのが「人権」、「気候」、「生物多様性」というサステナビリティの 3 本柱である。企業のガバナンスや、場合によってはアニマルウェルフェアへの影響も審査する。その際「その企業はどの部門で事業を行い、どのような活動に関与しているのか」かを問い、リスクを「低い」、「平均的」、「高い」に分類する。また、カントリーリスク分析により得られた国別リスクも考慮される。そして、その企業が「除外すべき活動」や「回避す

る活動」をしているか、中リスク国や高リスク国で活動しているか、サステナブル方針（人権、気候、生物多様性、ガバナンス、サプライチェーン、場合よってはアニマルウェルフェア）を持つか、その方針の質はどの程度か、不祥事はないか等々が検討される。

「除外すべき活動」や「回避すべき活動」は、持続可能な社会に貢献しない、または適合しない活動である。「除外すべき活動」は、いかなる状況下でも認められない活動である。「回避すべき活動」は、基準を満たせば投資できるが、実際には持続可能性のリスクが大きいため、通常は投資できない活動を意味する。

「除外すべき活動」「回避すべき活動」の基準は、同行が投融資できる対象と、できない対象の境界を示すものである。また、これらの活動に（製品やサービスを提供しているなど）間接的に企業が関与する場合の基準も設けられる。例えば、ある企業の当該活動に関与する程度については、その活動から得られる売上が全体の5%未満であれば中核的な活動とみなさない（から投資対象となる）、といった評価がされる。

以下では、「除外すべき活動」と「回避すべき活動」を確認していくが、それら産業や製品と関連する SDGs ターゲットを掲載順に整理したものが図表 4 である。サステナビリティ・ガイドには詳細は評価基準が述べられているが、以下ではその一部についての概略を示す。

図表 4　「除外すべき活動」と「回避すべき活動」

除外・回避	SDGs ターゲット
武器	16.4
原子力エネルギー	3.9、7.2
タバコ	3.4、3.5、3.a
アルコール飲料	3.5
大麻製品	3.5
ギャンブル	
ポルノグラフィ	5.2、8.7、8.8、16.2
遺伝子組換え	2.5
毛皮、皮革、羽毛	15.7、15.c

畜産業	2.4、13.2、15.2、15.3
漁業	12.2、14.1、14.2、14.4、14.c
野生動物の扱い	15.7、15.c
化石原料	3.9、6.3、7.2、9.4、12.2、13.2、14.1、14.3、15.3
セメント	13.2、15.5
一次化石資源に基づく石油化学・一次鉱物	12.2、12.4、13.2、15.3
ダム	6.6、6.b、15.1、16.7
第一世代バイオ燃料	2.1、7.2、12.2、15.2
廃棄物処理	9.4、11.6、12.4、12.5、13.2
金融サービス	10.5、10.6、17.1
輸送業	9.1、9.a、13.2
鉱業	6.3、8.7、8.8、12.2、13.2、15.3
オンラインショップ	
水不足	6.4、6.5、6.b
森林破壊	12.2、13.2、15.2、15.b
パーム油	12.2、12.7、15.2
農業	2.4、3.9、6.3、13.2、15.2、15.3、15.5

出所）ASN Bank［2022］pp.42-56 をもとに筆者作成。

・原子力エネルギー

　原子力発電、原子力発電所の運営、原子力製品の流通・取引を行う企業には投資を行わない。また、原子力部門に過度に関与している企業や、これらの活動によって売上が5％以上を得る企業にも投資を行わない。ただし、原子力エネルギーを購入する企業には投資を行える。

・タバコ

　タバコまたは電子タバコ製品を製造する企業、またそれら製品の販売、流通、取引によって売上高の5％以上を稼ぐ企業には投資しない。ただし、それらの売上高が5％未満の企業には投資を行える。

・アルコール飲料

　アルコールの摂取は健康を害するものであり、過度のアルコール摂取は社会的にも悪影響を及ぼす。そのため、同行はアルコール飲料を製造する企業や、アルコール飲料の販売、流通、取引で総売上高の10%以上を稼ぐ企業には投資を行わない。ただし、それらの売上高が10%未満の企業に投資できる。

・大麻および大麻を含む製品

　大麻や大麻を含む製品の娯楽的使用は、健康上のリスクを伴う。したがって、同行は、娯楽用の大麻や大麻を含む製品を製造する企業、および娯楽用の大麻の取引、販売、流通を行う企業への投資は行わない。ただし、消費者保護の観点から安全かつ責任ある方法で製造・販売することを条件に、（それが大麻を含む場合でも）医薬品に携わる企業への出資は可能である。

・ギャンブル

　オッズが低く、賭けの時点から損益発生までの間隔が短いギャンブルゲーム（例えばスロットゲーム機など）は「ショートオッズゲーム」と呼ばれ、中毒性が高いとされる。そのため、ASN銀行はこれら機器を製造・販売・運営する企業には投資を行わない。これら企業と過度に関連のある企業や、部品供給による売上が5%以上ある企業にも投資をしない。ただし、「ロングオッズ」と呼ばれる、賭けと損益の間隔が長くオッズの高いゲームに関連する企業には投資を行える。

・遺伝子組換え

　遺伝子組換え商品には、人間や生物多様性、アニマルウェルフェアにも悪影響を及ぼすリスクがある。そのため、ASN銀行は、食用および非食用に植物や動物の遺伝子組換えをする企業、それを他社に指示する企業に投資を行わない。ただし、一定の条件を満たしていれば、①医療目的で植物や動物の遺伝子組換えを行う企業、②（植物でも動物でもない）微生物の遺伝子組み換えをす

る企業、③遺伝子組換え製品を購入する企業には投資を行える。

・毛皮、皮革、羽毛

　ASN 銀行は、毛皮、皮革、羽毛の目的で動物を使用することや、その目的のために劣悪な環境で動物を飼育することに反対する。このため、毛皮等を使用した製品の生産および取引を行う企業、動物や家畜を毛皮、皮革、羽毛に使用する企業、劣悪な環境で動物を飼育する企業への投資を行わない。もちろん違法に入手・取引された動物を使用した製品もこれ含まれる。ただし、動物が適切に扱われている場合には投資は行えるとしている。

・畜産業

　ASN 銀行によれば、畜産業は、食料安全保障、気候、生物多様性、健康などの分野で問題を含むため、同産業への投資を避ける。また、屠畜場や輸送業者など畜産農家の顧客への投資も避けているという。ただし、畜産農家の顧客が、その調達方針においてアニマルウェルフェアに十分配慮している場合、投資できる。

・水産業

　水産物の乱獲は生物多様性の損失を助長し、捕獲時や加工時にはアニマルウェルフェアに注意が払われないことが殆どである。このため、ASN 銀行は水産業への投資を避けている。また、持続可能性が不十分かつアニマルウェルフェアに配慮しない方法で養殖を行う企業への投資も避ける。ただし、海洋管理協議会（Marine Stewardship Council：MSC）による品質ラベルなどの認証を活用している企業には投資が可能である。

・野生動物の扱い

　ASN 銀行は、野生動物を娯楽や商業活動に利用する企業やプロジェクトには投資しないが、絶滅の危機に瀕する動物種の保護に努める企業やプロジェク

トには投資可能としている。具体的には、①絶滅危機に瀕する動物の保護に努め、アニマルウェルフェアの「5つの自由」[3]を尊重し、生物多様性の基準を満たす企業、②動物福祉を考慮した運営を行っている保護施設である。動物狩猟を行う企業への投資は、動物が有害であること等が条件となる。また、害虫駆除を行う企業に投資することができるが、農薬、殺虫剤を使用した害虫駆除を専門に行う企業には投資しない。

・飼育動物の扱い

　前述のように、ASN 銀行は野生動物を娯楽のためだけに利用する企業には投資しないが、家畜を飼育する企業や組織がアニマルウェルフェアにおける「5つの自由」を保障するならば投資することができる。その線引きであるが、動物園や子供牧場が5つの自由を保障するならば投資できるが、(サーカスなど)娯楽目的で動物を飼育する場合や、ショーに出演させるために動物を訓練している場合、(ペットショップなど)動物を販売する企業には投資を行わない。

・動物実験

　ASN 銀行は、法律で義務付けられていない場合や、または動物実験に代替する試験方法に投資していない場合、化粧品目的で動物実験を行う企業には投資を行わない。ただし、医療目的および非医療目的で動物実験を行う企業であっても、そのことについて透明性があり、そのための十分なポリシーがあれば、投資することができる。

・一次化石資源に基づく石油化学・一次鉱物

　ASN 銀行は、石油からエチレンやポリマーといった化学工業用材料を製造

3　動物福祉における5つの自由とは、①飢え、渇き及び栄養不良からの自由、②恐怖及び苦悩からの自由、③物理的及び熱の不快からの自由、④苦痛、傷害及び疾病からの自由、⑤通常の行動様式を発現する自由、である。農林水産省『アニマルウェルフェアに配慮した家畜の飼養管理の基本的な考え方について』を参照。https://www.maff.go.jp/j/chikusan/sinko/attach/pdf/animal welfare-72.pdf。

する企業には投資を行わない。また、一次鉱石から金属を生産するような企業への投資も避けている。ただし、循環型経済のビジョンに合致するという理由から、スクラップや金属、プラスチックの再利用に重点を置く企業等には投資を行える。また、ASN銀行のサステナブルに関する基準を満すならば、持続可能性を高めるために不可欠な原材料などに加工する企業には投資できる。

・化石燃料

ASN銀行は、化石燃料（石炭、天然ガス、シェールガス、石油など）の採掘、生産、精製により売上の5%以上を得る企業には投資を行わないことを原則とする。ただし、これら製品の購入者には投資することができる。また、化石燃料を利用して、自家消費用の電気や熱を生産している企業にも投資可能である。

・廃棄物処理

ASN銀行は、事業活動のうち廃棄物処理の総量が30%を超える企業を、廃棄物処理を主たる活動とみなし、こうした廃棄物処理会社には投資しない。だが、それが30%以下の廃棄物処理会社には投資すること可能である。その場合は焼却能力も考慮される（焼却能力が高ければ温室効果ガスの排出を削減できるため）。また、廃棄物から排出されるメタンガスを回収して有効利用することも望ましいとしている。

・輸送業

この部門には、陸運・水運・空運おける物資や旅客の輸送に携わる全ての企業が含まれる。交通インフラを建設・維持する企業も輸送部門の一部とみなされ、輸送会社のサプライヤーや輸送手段の製造業者も含む。ASN銀行は、こうした輸送部門のうち、持続可能なアプローチを採用しているか、持続可能に向けた途上にある部門に投資を行う。

投融資対象となるのは、①電気自動車や水素自動車のメーカーとそれを促進するすべての投資、②公共交通機関およびそれに対応するインフラへの投資、

③後発開発途上国（LDC）において新しい道路、水路、空港、港湾を建設する企業、④ 1990 年比で 2030 年に 40%、2050 年に 90%の排出量削減を目指し、すでに保有車両の半分を低排出ガスまたは排出ゼロの車両に置き換えている運送会社、である。

　投融資対象とならないのは、①内燃機関を動力源とする自動車の製造業者および内燃機関の製造業者、②ハイブリッド車、プラグインハイブリッド車、レンジエクステンダー車の製造業者、③内燃機関をベースとする船舶の製造業者、④道路、水路、空港、港湾の新設（ただし後発開発途上国での新設は除く）、⑤飛行機や航空機の製造業者である。

・鉱業

　ASN 銀行は、再生不可能な一次原料や化石資源の採掘を行う企業、鉱山会社の下請企業、鉱業による売上高が 5%以上の企業には投資を行わない。しかし、（持続可能性に不可欠な原材料など）例外的な場合には、人権、気候、生物多様性の基準をすべて満たす大手鉱山会社に投資することができる。

・オンラインストア[4]

　ASN 銀行によれば、「プラットフォーム経済は経済発展の機会を提供し、新たな雇用を創出し、消費者にとって便利なものだが、負の側面も持ち合わせている」といい、例えば「配達の仕事などは必ずしも良い仕事とは言えない」(ASN Bank [2022] p.54) という。オンラインストアに代表される E コマース・プラットフォームは、顧客情報の面でプライバシーの問題を抱え、CO_2 排出や梱包材廃棄などの面では気候にも影響を及ぼす。

　同行は一定の条件を設けて E コマース関連分野に対する投資を判断している。輸送、サプライチェーン、返品、梱包材、従業員や顧客のプライバシーに

4　例えば、ASN インパクト・インベスターズは、Amazon に対する投資を不承認としている。詳細は ASN Bank HP を参照。https://www.asnbank.nl/zo-maakt-geld-gelukkig/duurzame-belegger-beter-af-zonder-amazon-.html.

関する方針を策定していれば投資を行う。だが、次の場合には投資を行わない。①従業員や顧客のプライバシーに関する方針が定められていない、②独占的な地位を築くための戦略や反競争的な行動を示している、③サプライチェーン全体（スコープ 1、2、3）の CO_2 排出量を削減するための方針がない、④返品回数を制限する方針がない（返品された製品は破棄され、再度提供されることはない）、⑤プラスチックや段ボールの包装を減らし、再利用するための方針がなく目標も明示されていない、⑥サプライチェーンに関する方針がなく、サプライヤーや消費者がプラットフォームで販売できない商品が不明確であり、方針が ASN 銀行の持続可能性に関する方針に沿ったものでない。

・水不足

　気候変動や淡水資源の過剰利用により、水不足の深刻な地域が増加している。このため、ASN 銀行は、水不足地域で事業を行う企業が責任を持って水を使用すること、水を大量に消費する分野で事業を行う企業に対して真水の使用を制限し再利用するための措置を講ずることへの期待を示す。水を大量に消費する分野とは、鉱業、金属産業、林業、石油・ガス産業、化学・包装産業、食品産業、農業などである。

　投融資対象となるのは、水の消費量を制限し、その影響が最小限になるようにコントロールする企業である。投融資対象とならないのは、水不足の影響評価を行わず制限的な措置をとらない場合、地域住民や生態系の水のニーズを考慮しない場合、水不足地域で操業する水資源集約型企業の場合である。

・森林破壊

　農業、不動産、建設、綿花栽培・加工、畜産、製紙、パーム油、大豆生産、鉱業など、さまざまな分野が森林破壊に影響を与え、気候リスクや生物多様性リスクを高める。このため、ASN 銀行は森林破壊に関わる企業には投資しない。ただし、森林破壊を防ぐために十分な対策をとっている企業には投資できる。例えば、世界銀行の分類で「低所得国」、「低中所得国」、「高中所得国」と

される国の新規プロジェクト等のために木材を購入することを目的に、その木材の少なくとも3分の2がFSC（Forest Stewardship Council）認証を受けているといった場合である。

・農業

　農業は食料供給にとって不可欠である一方、高い持続可能性リスクを伴う。例えば、農業関連企業による土地利用の変更、乱開発、農薬使用による汚染、森林伐採などは、気候や生物多様性に悪影響を与えるリスクを抱えている。また、農業分野での労働条件は多くの国で劣悪である。

　多くの持続可能性リスクがあるため、ASN銀行は農業に対する投融資を避ける。もっとも、農業関連企業から製品を購入する企業に投資することができ、また循環型・持続可能なアプローチを採用している農業関連企業にも投資することができる。また、将来的には、人権、気候、生物多様性の基準を満たした農業関連企業に投資する可能性もある、としている。

(5) ポリシーコンポーネント

　企業の「除外すべき活動」や「回避すべき活動」への関与を確認した後、その企業のサステナビリティ方針の質や実践が評価される。評価の観点は4つのポリシーコンポーネント（ガバナンス、人権、気候、生物多様性）、それを細分化したサブイシューで構成される。企業のサステナビリティ方針を審査し、「不十分」、「悪い」、「十分」、「良い」、「優秀」に分類する。サステナビリティ・ガイドの記載順にポリシーコンポーネントとサブイシューをまとめたものが図表5である。

　例えば、「ガバナンス」の「取締役会の構成と報酬」を例に見よう。ASN銀行によれば、企業にはオープンで透明性が高く、誠実に行動することが期待される。その指標となるのが経営陣の構成と報酬である。このため、取締役会の構成、取締役の任務と役割について透明性が評価される。取締役会の構成について、透明性がなければ「不十分」、透明性があれば「十分」とされる。また、

男女の配分を含め取締役会の多様性を考慮して取締役を選任している、役員報酬について透明性がある、重大かつ継続的な不正行為がないといった点が満た

図表5　ポリシーコンポーネントとサブイシュー

ガバナンス	取締役会の構成と報酬	5.5, 5.c, 10.4
	行動規範と倫理的行動	
	汚職	16.5
	法制度の順守	16.3
	脱税と租税回避	17.1
	透明性	12.6, 16.6
	ロビー活動と政治献金	16.6
人　権	一般的な人権基準	8.5, 8.7, 8.8, 10.3, 12.6, 16.3, 16.6, 16.10
	平等な扱いと非差別	5.1, 5.5, 5.c, 8.5, 10.2, 10.3, 16.3, 16.b
	ジェンダー平等	1.2, 1.4, 2.2, 4.3, 4.6, 5.1, 5.2, 5.5, 5.6, 5.a, 5.c, 6.2, 8.5, 8.8, 10.2, 10.3, 10.4, 11.2, 11.7, 13.b
	企業セキュリティ	
	児童労働	4.1, 8.7, 16.2
	強制労働	5.2, 8.7, 8.8, 16.2
	健康、安全な労働環境	5.2, 8.5, 8.8
	賃金	1.1, 1.2, 1.3, 1.4, 5.1, 8.5, 10.1, 10
	結社の自由	8.8, 10.2, 10.4, 16.7, 16.10
	プライバシーと言論の自由	16.1
	地域社会と住民	16.7
	消費者保護	16.10
気候と 生物多様性	環境方針	3.9, 6.3, 6.4, 7.2, 7.3, 8.4, 12.2, 12.4, 12.5, 12.6, 13.2
	森林破壊	12.2, 15.2, 15.5, 15.b
	土地利用の変更	5.1, 15.2, 15.3, 15.4, 15.5
	パーム油	12.2, 12.7, 15.2
	外来種の導入	2.4, 15.5, 15.8
	過剰採取	2.4, 6.4, 7.3, 8.4, 12.2, 14.4, 15.2, 15.3, 15.5, 15.7, 15.c
	汚染	3.9, 6.3, 8.4, 12.4, 12.5, 13.2, 14.1
	動物福祉	
	動物実験	
	プラスチック	3, 6.3, 11.6, 12.4, 12.5, 14
	水不足	6.4

出所）ASN Bank［2022］pp.57-71 をもとに筆者作成。

されていれば「良い」、そのうえで役員報酬の一部をサステナビリティの業績に依存させ、変動報酬の一部を長期目標に基づかせていれば「優秀」といった評価がなされる。

4. おわりに

　本稿では、ASN 銀行のサステナビリティ方針の概要を確認してきた。同行では、「人権」「気候」「生物多様性」をサステナブルの３つの柱に据え、ESG 要素を考慮した投融資判断を行っている。特に、持続可能な社会の貢献しない活動を「除外すべき活動」や「回避すべき活動」として定め、同行が投融資をできる対象とできない対象の境界を示し、ESG 要素を考慮した投融資判断の基準を明確にしている。また、企業が除外・回避すべき活動に間接的に関与する場合でも、売上に占める割合によりそれが企業活動の中心であるか否かを判断するといった基準も設けている。

　ESG 金融は直接金融から先行して拡がってきたが、日本において高いウェイトを占める間接金融でもこれを推進することが持続可能な社会の実現には不可欠であり（環境省［2018］）、地域金融機関による取り組み（ESG 地域金融）も期待されている。家森［2021］によれば、地域金融機関が SDGs や ESG の観点を重要視して融資を行うことは、従来から取り組んできた事業性評価を深化させることであり、「ESG 要素を取り入れた事業性評価を定着させて行くには試行錯誤が不可避」（6頁）である。本稿で取り上げてきた ASN 銀行のサステナビリティ方針は、すべてを参考にするのは困難だとしても、試行錯誤の過程で重要な手がかりになると思われる。

参考文献

ASN Bank［2022］*Sustainability Criteria Guide.*
  https://www.asnbank.nl/web/file?uuid=5fc10aee-1969-491d-9381-
  5de239f4a466&owner=6916ad14-918d-4ea8-80ac-f71f0ff1928e&contentid=673.
環境省［2018］『ESG 金融懇談会提言〜 ESG 金融大国を目指して〜』
  https://www.env.go.jp/content/900495211.pdf
環境省［2020］『すべての企業が持続的に発展するために－持続可能な開発目標（SDGs）
  活用ガイド－資料編［第 2 版］』
  https://www.env.go.jp/content/900498956.pdf
金融庁［2022］『2022 事務年度金融行政方針─直面する課題を克服し、持続的な成長
  を支える金融システムの構築へ』
  https://www.fsa.go.jp/news/r4/20220831/220831_allpages.pdf
重頭ユカリ［2022］「欧州の協同組合銀行におけるサステナブルファイナンスの取組
  み」『農林金融』75（11），516-533 頁
白井さゆり［2022］『SDGs ファイナンス』日本経済新聞出版
藤井良広［2021］『サステナブルファイナンス攻防─理念の追求と市場の覇権』
  一般財団法人金融財政事情研究会
家森信善［2021］「ポストコロナ禍での ESG 金融─事業性評価の深化を目指せ─」
  『野村サステナビリティクォータリー』2021 年秋号、4-6 頁
湯山智教編［2020］『ESG 投資とパフォーマンス─SDGs・持続可能な社会に向けた
  投資はどうあるべきか』一般財団法人金融財政事情研究会

第Ⅱ部

神戸大学・尼崎信用金庫
共同研究成果発表シンポジウム

第5章

シンポジウム

「地域の持続的発展と金融機関の役割 －ESG地域金融の取り組み－」
基調講演録

荒木：

皆さま、大変お待たせしました。

ただ今より、神戸大学経済経営研究所、尼崎信用金庫、神戸大学社会システムイノベーションセンターの主催による神戸大学経済経営研究所地域共創研究推進センター開設記念シンポジウム「地域の持続的発展と金融機関の役割－ESG地域金融の取り組み」を開始します。

私は、総合司会を務めます神戸大学経済経営研究所非常勤講師の荒木千秋です。どうぞよろしくお願いします。

シンポジウムの構成は、第1部として3人の方による講演、その後、休憩を挟みましてパネルディスカッションを予定しています。長丁場になりますが、最後までご参加いただけますと幸いです。

それでは、最初に主催者を代表して作田誠司尼崎信用金庫理事長からご挨拶を申し上げます。

作田：

改めまして、尼崎信用金庫の作田です。

本日は、神戸大学さんとのESG地域金融に関するシンポジウムということで、家森教授をはじめ、大変多くの関係者の皆さまにご出席を頂き、このように開催できますことを大変うれしく思っています。

ちょうど昨年5月に家森教授からお声がけを頂きましてESG要素を考慮し

た事業性評価に対する取り組みをスタートしたわけですけれども、この間、当金庫からの参加メンバーもいろいろな機会を通じまして、これまでにはない課題認識を持ち、本日もこのような形で共同研究の成果を発表できるということで、この1年間の取り組みはわれわれにとりましても大変意義深いものとなりました。

　当金庫も創業当初から中小企業金融を主たる取り組みとして行ってまいりましたが、地域やお取引先の課題やニーズの変化に伴い、こうした取り組みも時代の流れとともに、われわれからご提案できる内容やそのレベル感も随分大きく変化してまいりました。特に今回の新型コロナへの対応やウクライナ情勢を踏まえまして、われわれ地域金融機関の役割はこれまで以上に大変重要な位置付けとなってまいりました。

　われわれからのアプローチも単なる表面的なコンサルティングということではなく、お取引先の実態把握のためにもう一段踏み込んだ取り組みが求められるということだと思います。SDGsやESGの環境分野の取り組みも単なる提案ツールの一つということではなく、お取引先の事業が次の新しい展開につながるような取り組みにつなげていかなければなりません。

　今回、この共同研究で策定いたしました事業評価シートでありますけれども、こうした取り組みの中で、このシートにわれわれ金融機関の目利き力をどのような形で反映していくのか、ここにわれら信用金庫としての力量が問われるということだと思っています。

　今回、お声がけを頂いて1年間取り組んできたわけですが、こうした取り組みをさらに継続して、これからの信用金庫の新しい事業評価のモデルとして定着させていければと考えています。そして、このような共同研究の成果を行政あるいは関係団体にも積極的にご提案していき、全体の共有をしながら取り組みを進めるということに努めていきたいと思っています。本日ご出席の皆さまにはこうした私たちの取り組みに対しましてご理解とご協力のほどどうぞよろしくお願い申し上げます。

　本日は、この後、夕刻までということで、基調講演ならびにシンポジウムと

少し長丁場になりますけれども、皆さまには最後までご協力いただきますよう、どうぞよろしくお願い申し上げます。本日は誠にありがとうございます。

荒木：

作田理事長、ありがとうございました。

それでは、第1部での3つの基調講演に入ります。報告者のプロフィールにつきましてはウェブからダウンロードできます配付資料を参照してください。

それでは、第1報告は、株式会社日本政策投資銀行設備投資研究所エグゼクティブフェロー兼副所長兼金融経済研究センター長の竹ケ原啓介さまによる「ESG 地域金融への期待」です。

竹ケ原さま、よろしくお願いします。

ESG 地域金融への期待

竹ケ原 啓介

（株式会社日本政策投資銀行設備投資研究所エグゼクティブフェロー、
兼副所長、兼金融経済研究センター長）

ご紹介ありがとうございました。今、ご紹介いただきました日本政策投資銀行の竹ケ原と申します。本日は貴重な機会を頂きましてどうもありがとうございます。

私は、この数年、家森先生あるいは日下先生とご一緒しながら ESG 地域金融のお仕事を環境省や金融庁などと一緒にやらせていただいています。そういう意味では、今日、この場にいらっしゃる皆さまにとっては、既知のお話といいますか、釈迦に説法のようなお話になるかもしれませんが、大きな視点で見るとこういうものがどう見えるかという観点でいったん話題提供をさせていただきたいと思います。

スライド1（巻末付録162ページ以降参照）をご覧下さい。今日お話しした

い点は大きく分けて3つあります。ESG地域金融とはそもそも何かというところをもう一回振り返ってみたいという話です。数あるテーマがあるわけですけれども、その中でも特に今日はEが中心になるということですので、脱炭素の文脈で地域および取引先との関係性にこれを落とし込んでいきたいということになります。

早速ですが、まずESG地域金融とは何かという振り返りになります（スライド2）。地域と付いていますが、ESGという言葉が付いていますので、まずは資本市場で今展開されているESGとは何かという振り返りから入っていければと思います。

皆さまも感じられていると思いますが、今、新聞を開きますとESG、SDGs、俗にアルファベットスープなどといわれますが、英文字3文字が飛び交っています。一種の社会現象にもなっていると思います。その背景にあるのが、このESG、非財務情報、無形資産に着目した「投資」が拡大しているという事実です。

スライド3は世界中のデータを積み上げたものです。サステナブルファイナンスと呼称は違いますが、ここで扱うESG投資とニアリーイコールと言ってよいと思います。それがどのぐらいの規模かというデータです。

2020年が足元の一番新しいデータですが、35兆米ドルです。今、円安ですから邦貨換算で4,000兆円を超える規模があり、総運用資産の35%、4割弱を占めています。相当な金額がこうした「色の付いた」お金になっていることになります。

これだけの金額ですから、もはや特殊な投資家が特殊なことをやっている世界では当然ありません。年金や生命保険など、いわゆる機関投資家というメインストリームがこういう投資に関与しているのです。

構成比もどんどん上がってきています。スライド4に示したように、日本は遅れていると言われてきましたが、もう4分の1ぐらいがこういった投資になっています。ここで、ちょっと興味深いのがヨーロッパです。6割ぐらいから出発しまして、足元は41%ぐらいまで落ちているわけですが、これは決して退潮傾向ということではなく、絞り込みの段階にあるということです。6割

もESG投資になりますと、いわゆる「なんちゃってESG投資」が混在してきます。EUタクソノミーが有名ですが、何がサステナブルか、グリーンか、を厳密に定義して、グリーンウォッシングや名ばかりのESGを排除する動きが進んでいるということです。定義が厳格になっても4割がESG投資ということです。

　今後、恐らく日本やアメリカも比率が上がっていきますとヨーロッパと同じような形で絞り込んで純化していくのでしょうけれども、こういう感じですから主流化というのは不可逆の流れと言ってよろしいかと思います。

　スライド5に進みます。ESGあるいは無形資産に着目した投資の出自につきましては、アカデミアでも様々な研究が行われており、古いものになればキリスト教的倫理観にまでさかのぼることができるという話など諸説ありますけれども、直近でわれわれが目にしていますESG投資の直接のきっかけは2008年のリーマンショックといわれています。

　ご記憶の方も多いと思いますが、サブプライムローンと称して返済能力のない人間に住宅ローンを貸し込んで、これを証券化して散らしていった結果、リスクの所在が分からなくなって最終的に有力な投資銀行が倒れるに至った金融危機です。

　その根底には、過度な短期主義があったといわれています。要は、今日もうかればあしたのことは知らないという投資家、もちろんそうした投資家も必要なのですが、あまりにも短期主義な人ばかりになってしまった結果生じたのがあの事態だったという反省が生まれました。その中で、ウォーレン・バフェットに象徴されるような、長期投資の役割をもう一度見直そうという動きが欧米で出てきました。

　長期投資ですから、10年20年というタームで投資先を選んでその成長に寄り添うことになります。次の四半期がもうかるかどうかであれば足元の決算を見ていればまず外さないわけですけれども、長期となるとそうはいきません。この5年間のコロナ禍を振り返ってもそうなのですが、長期になればなるほど不確実性が増してまいります。

今、投資先の企業が、不確実な将来を展望してもきちんと立っていられるのかどうかを判断しようとすれば、足元の決算、BS・PL だけでは不十分ということになります。加えて、その会社が持っている陰徳といいますか、見えない力まで評価しないと、とても怖くて長期投資などはできません。こういう中で非財務情報に着目する ESG 投資がメインストリームになってきたということなのです。

　割り切った言い方をしますと、長期投資の一環として無形資産、つまり、その会社の見えない力にまできちんと目を向けなければいけないという中で出てきたのが ESG 投資の含意だと言ってよろしいかと思います。

　模式的に示すとスライド 6 のような感じです。われわれ金融側が通常観察できる企業のパフォーマンスは水面から氷山が顔を出している絵だと思っていただければと思うのですが、水面上に顔を出している氷山の部分、すなわち財務パフォーマンスです。ですが、この財務パフォーマンスを支えている大本は水面下にありまして、いろいろな情報を含んでいます。

　短期投資であればあまりそこに目を向ける必要はないわけですけれども、長期で見ようとすれば相当突っ込まないとその会社が 10 年 20 年成長し続けるかどうかは判断できません。こういうことと理解すればいいかなと思っています。これが 2008 年のリーマンショックを機に欧米でまず出てきたという話です。

　日本はこの流れに多少遅れました。これは、リーマンの傷が相対的に浅かったということなど、いろいろな説があります。加えて、いわゆる「受託者責任」を巡る神学論争が日本は長く続いていました。環境にいい会社をコストをかけて選ぶことが果たして受託者の責任として正当化できるのかという議論が結構長く続きました。

　こうした潮目が変わってきたのが 2010 年代の半ばになります（スライド 7）。まず、金融庁の改正前の Stewardship Code が入り、われわれ金融機関に対し長期投資家たれ、いわば執事のようにきちんと長期の企業の成長戦略に寄り添いなさいというメッセージが発せられました。ここで ESG という言葉が正式に入ってきました。これが最初です。

直接のきっかけは、世界最大の機関投資家の一つである GPIF、われわれの年金運用の元締めでありますが、2015 年 9 月に ESG 投資にかじを切るぞという姿勢を明確に打ち出されました。

　投資の世界は、アセットオーナー、アセットマネジャー、投資先企業によるインベストメントチェーンで構成されています。究極のアセットオーナーはわれわれ個人ですが、その資金を預かるアセットオーナーがいて、そこから運用委託を受けたアセットマネジャーが企業に投資するという構造です。企業に直接対峙する投資家はアセットマネジャーですが、そのアセットマネジャーはアセットオーナーの意向で動きます。アセットオーナーが ESG 投資をやると言わない限り、アセットマネジメント業界は動かないわけですが、アセットオーナーの中でも大本ともいえる GPIF が 2015 年 9 月に、まさにかじを切ったわけです。

　この日を境に本当にオセロゲームが白から黒に替わるように一斉に日本の金融市場が ESG 投資一色になっていきました。今、われわれのオフィスがある東京の大手町で石を投げれば ESG 投資家に当たるのではないか、というくらい急激な変化があったということです。

　この変化は、データで見ていただくのが一番分かりやすいです。スライド 8 は日本の ESG 投資の残高を見たものです。今、お話した通り、2015 年の 9 月がターニングポイントです。ご覧いただきますとおり、以降は倍々ゲームで増えていっています。これだけの投資が純増するわけはありませんから既存の投資からの読み替えが進んできているということです。すなわち日本でもメインストリーム化が進んできたということだと思います。

　足元のデータでは残高が減少に転じており、このデータをもって日本の ESG 投資も飽和かという解釈も聞こえてくるのですが、私はこのアンケートを取っている JSIF のメンバーにも加えて頂いており、実際に中身を見ているのですけれども、先ほど申し上げましたヨーロッパの定義が厳密になってきた影響などもありまして、皆さん、社内で何をもって ESG と呼ぶかということについてかなり議論をされています。その影響もあってか、去年回答頂いた 7

社の有力な機関が今回は回答を見送ったという経緯があります。

　そうした影響も踏まえると、ここでトレンドが変わったと捉えるのは、若干、時期尚早かなという気がしています。いずれにしましても日本でも主流化がどんどん進んでいるという状況です。

　さて、長々と資本市場の話をしていますが、もうすぐ終わります。こういう投資家が出てきますと、企業にとっての影響はどうかということです。ちょっと利益が増えますと「自社株買いをしてくれ」「配当を増やせ」という投資家ばかりと対峙してきたわけですが、そこに10年、20年タームでその会社の成長戦略に付き合ってくれる可能性のある投資家が登場してきたわけです。

　企業にしてみれば、できればそういう投資家を味方に付けたい、どうやったらそういう投資家を味方に付けられるかということが、上場企業を中心に大いに関心事項になるのは想像に難くありません。

　正解があるわけではないのですが、今、多くの会社が情報開示の参考にしているものに経産省が2017年に出した「価値協創ガイダンス」というものがあります（スライド9）。去年の8月に改訂されて第2版にバージョンアップされているのですけれども、私はこの初版を作るのに関連する議論に参加していましたので、この考え方の背景をご説明したいと思います。細かい中身をご説明するつもりは全くなく、多くの会社が統合報告などの開示に際して考えているロジックをご紹介します。

　表題に伊藤レポート3.0とあるように、価値協創ガイダンスが出てきた背景にあるのが伊藤レポートです。皆さんご記憶だと思いますが、伊藤レポート1.0は、日本の企業は稼ぐ力が弱過ぎるので海外の投資家から相手にされないという問題意識の下、ROEは最低8%、強固なコーポレートガバナンスなど、海外の投資家からみても魅力ある企業経営に誘導しようとするものでした。それが2.0になった時にESGがテーマになったのです。当初は違和感を持ったのですが、実は、これには非常に明快なロジックがありました。

　要はこういうことです（スライド10）。まず、投資の世界の話を申し上げているわけですので、まず発射台として、投資に値する企業でないとそもそも対

象になりません。今、稼ぐ力があることが大前提です。つまり、伊藤レポート1.0は発射台だと思ってください。まず、今、稼ぐ力がなければ、そもそも投資家は寄ってきません。冷徹ですが、現実です。

　その上でいろいろな投資家が関与してくるわけですが、その中から長期投資家に着目し、これを味方に付けるにはどうすればいいかということが伊藤レポート2.0・価値協創ガイダンスの含意です。

　では、どうするか。結局、今ある稼ぐ力がこの後の不確実な将来を展望してもきちんと維持できるというロジックを示すことが大事だということです。要は稼ぐ力の源泉であるビジネスモデルが、不確実な長期を展望しても維持可能だと投資家に納得させることが大事だということです。そうすれば長期投資家が味方になってくれるということです。

　言うは易しで、どうやってそれを示すかということですけれども、これもいろいろな考え方があると思いますが、一つ、次のようなロジックがつくられました。「これから長期を展望した時に、社会、つまりお客さんが直面する課題を当社は正しく認識できています。その課題の解決と当社の得意分野が重なる部分こそ、当社が勝負すべき領域であり、当社はこの点をきちんと理解したうえで成長戦略を書いています。つまり、うちがもうかればもうかるほど、うちのマーケットシェアが上がれば上がるほど社会の課題が解決していくのだ」というロジックです。

　これは俗に価値創造シナリオや価値創造ストーリーなどと呼ばれていますが、これを明確に示せば、結局、2030年、50年というタームで見た時にマーケットから駄目出しをされることはなく、今稼ぐ力のあるその会社は長期的に成長していけると評価され、ESG投資家が味方に付くことになります。

　この種の議論をしていますと必ず出てくる用語に、「マテリアリティ」があります。マテリアリティをどう特定するか、と企業に問いかけるケースが間接金融の世界でも増えていると聞いていますが、この用語はけっこう多義的に使われています。この点も、このロジックの中で考えれば、すっきりした整理ができると思います。つまり、当社が長期にわたって成長するために解決すべき

社会課題とは何か、ビジネスモデルの持続可能性に影響する非財務ファクターとは何か、それが当社にとってのマテリアリティだというのがこのロジックでの整理になります。

　さて、2030年、40年、50年という長期にわたって、お客さん、社会が直面する社会課題、つまり自社にとってのマテリアリティを当社はきちんと正しく理解できていると説明する際に、非常に便利な道具があります。皆さんには説明不要だと思いますけれども、これがSDGsです。

　SDGs自体は誰一人取り残さないというもっと高尚な国連のコンセプトですが、ESG金融の世界ではこういう使われ方をしています。つまり、自社の長期の成長戦略と同期した社会課題を説明する道具としてSDGsを使います。多くのマルチステークホルダーが参加して生み出された説明不要のツールだから、これを使うということです。これで、ようやくESGとSDGsがつながりました。

　と、私が言ってもあまり説得力がないと思いますので、スライド11はGPIFのホームページからの引用になります。これを見ていただきますと、今、私が申し上げた話が1枚のポンチ絵だけで収まっているということです。

　左側にいるのがESG投資家です。彼らはPRIというESG投資のロジックに従って長期投資に値する取引先を選ぼうとします。企業はSDGsを使いながら社会課題の解決と当社の成長戦略が同期しているというロジックを示しています。両者の目線がぴったり合えば、双方、ウィンウィンの関係になります。これが、今、資本市場で行われているESG投資のメインストリーム化とこれに合わせた企業の情報開示の変化になります。

　長い前置きで恐縮でしたけれども、これをどうやって地域、間接金融の世界に落とすのか、がESG地域金融のテーマです。

　こういう話をしていますと必ず出る疑問が、地域の中堅・中小企業や間接金融に関係があるのか、という話です（スライド12）。

　もう一度確認しておきたいのですが、ESGとは、要するに、長期に投資するので足元の決算だけを見ていてもおっかないよねという話です。そう考えると、長期にわたって企業の成長をしっかり見極める、あるいは運転資金を入れ

て短コロでずっと転がしているというのはエクイティを入れているのとあまり変わりませんから、地域の金融機関の関与には本質的に長期性があります。また、私が申し上げるまでもなく、中小企業や中堅企業への融資に当たって帳票やBS・PLだけを見て貸すバンカーなどはいないでしょう。むしろメガバンク以上にしっかり企業の中身に入り込んで、その会社が持っている陰徳といいますか、見えない力をしっかり見極めて貸してきたのが地域の金融機関だと思います。

　そう考えれば、長期の視点を持ち、無形資産もしっかり見ていくという点で、地域の金融機関がメインバンクとして果たしてきた機能は今申し上げたESGのロジックと何ら変わらないわけです。

　まして、家森先生の前で言うのも恥ずかしいですけれども、まさに事業性評価をしっかりやろうということがモニタリング基本方針に入ってきました。これなどはまさに非財務情報や無形資産の価値をしっかり見ようという話とほぼイコールです。

　そう考えますと、ESGという言葉を使うか使わないかは別にしまして地域の金融機関がまさに温故知新で昔から果たしてきた機能をもう一回しっかりやっていこうとすれば、実はESGを実践しているのと何も変わらないだろうということになってくるのです。

　それを環境省ではESG地域金融と定義しまして、そこに向けた努力を重ねる金融機関のサポートをここ数年やってきています（スライド13）。これは家森先生や私も一緒にやらせていただいています。

　さて、SDGsを使って社会課題を解決しながら成長していくというロジックが資本市場で用いられているという話を先ほどしました。これを地域に落とせば、地域における課題あるいは地域における資源をどう成長させていくかという話とその企業の戦略がしっかり合っていること、あるいはそちらに向けて誘導していくことが求められる機能になります。

　そういう意味では、福祉でも少子化でもいろいろな課題が無数にあるわけで、これは業態によってばらばらです。ですが、今日は、多分、多くの企業にとっ

て大なり小なり共通のマテリアルな項目である脱炭素を取り上げてみたいと思います（スライド14）。

　スライド15は日本のグリーンハウスガスの排出量の確定値です。足元はコロナ明けでちょっと増えていますが、大体12億トン弱を日本は排出しています。2013年が日本の基準値になりますから14億トンからほぼ減少トレンドにあることは間違いないのですが、ここではあえて1990年までさかのぼらせています。なぜかといいますと、これは失われた30年を表しているからです。

　失われた30年間、まさにバブルのピークだった平成2年（1990年）の排出量を見ますと12.75億トンです。日本経済がジャパン・アズ・ナンバーワンといわれてこのまま行くとアメリカを抜くのではないかと言っていたあの鼻息の荒い時期の排出量が12.75億トンです。その後、未曽有の円高があって、産業の空洞化が進んで、非正規雇用が増えて、と、暗い30年間が続き、今、コロナ明けで11.7億トンです。ご覧いただきますとおり、実はこの失われた30年間でCO_2の排出はたかだか数％しか落ちていないのです。

　今、われわれが直面しているのは2050年のカーボンニュートラルです。この次の30年間でこの12億トン、11億トンをゼロにする、失われた30年間でこれしか落ちなかったものをゼロにするというのはとんでもない話だというのはご想像いただけると思います。産業構造の大転換、本当に非連続なことをやっていかないと恐らく到達できない目標を今われわれは突き付けられているということです。

　スライド16をご覧下さい。これは世界的にもいろいろなレポートが言っていますが、結局、最後は非連続なイノベーションが社会実装され、グリーン水素がノルマル立米10円で潤沢に手に入るような社会の下で初めて成り立つ話だということになってきます。スライド17に示したように、現状の発射台のブラウンエコノミーから右側にあるグリーンエコノミー、2050年のカーボンニュートラルに一足飛びに飛べる産業はどんどん進んでもらってESG金融で支えていこうということなのですけれども、現在多くの産業はそう簡単には絵が描けません。

結局、水素がいつ出てくるのかという他律的な話があるわけです。そうなりますと、それを待っていてもしようがないので、今やれることをしっかりやっていこうということになります。エネルギー転換、省エネ、今やれる努力をきっちり積み上げていって、最終的には社会的に実装される時にイノベーションに乗ってゴールにぽんと飛んでいくイメージです。

　そうなると、大事なのは、遠い将来の展望もさることながら、今できることをしっかり実現・実装していくことです。経産省や環境省、金融庁が一緒になって提唱しているトランジション・ファイナンスの意味はここにあります。

　バックキャスティングの議論だけやっていても仕方がないので、今やれることをしっかり見定めてそこをきちんとサポートしていこうということです。でないと、今だけを見て、この会社は CO_2 が落ちないから駄目だと短絡してファイナンスの対象から外してしまうようなことをすれば、将来のイノベーションの担い手を失う、つまり、角を矯めて牛を殺す話になりかねないという話です。

　2050 年のカーボンニュートラルという大きな目標に向けて、地元にある基幹産業がきちんと対応できるのかどうか、今申し上げたトランジションのフェーズを越えてイノベーションを実装してきちんと脱炭素の社会に持っていけるのかどうか、に関するグランドデザインを描くのが自治体であり、地域の金融機関の仕事ということになります（スライド 18）。

　環境省は地域循環共生圏というコンセプトを使っていらっしゃいます。地域の中できちんとお金が回って、地域、コミュニティーがしっかり維持できるかどうかが問われています。環境省の ESG 地域金融の世界では、このキープレーヤーが地域金融機関であるとしており、まさに地域がどちらに転ぶかを左右する存在だと整理しているわけです。

　この問題を考えるうえで重要な視点として所得の循環の話をしてみたいと思います（スライド 19）。GDP は、ご案内のとおり、生産、分配、支出のいずれから見ても三面等価で同じになるのですけれども、これを地域で分断しますと話がちょっと変わってきます。

　通勤や財政の移転が発生しますので、地域ごとに見ますと、生産・販売、つ

まり地域の企業がどれだけ稼いでいるかという話とそれがきちんと地域の中で分配されているかどうか、そして分配された所得が地域の中できちんと使われているかどうかは、でこぼこしてきます。

　地域によっては、めちゃくちゃ稼いでいる基幹産業を持っているのだけれども、分配の段階で支店経済よろしく本店に大部分を吸い上げられてしまって地元の住民に落ちる所得が少なくなったり、あるいは、観光地にもあるのですけれども、支出のところは外部から観光収入がどんどん入ってくるのですが、肝心の土産物などは、全部、域外で生産しているものですから、入ってくる所得が域外に流出してしまって、結果、地元の企業にお金が回らないといった事態が生じています。

　最終的には、住民の厚生を拡大していくことが重要ですから、所得の循環をいかに太くしていくかという発想の下で地域の基幹産業のトランジション、脱炭素化をどう進めていくかとグランドデザインを描く必要があります。多分、それができるだけのマクロ的な視点を持っているのは自治体と金融機関だと思うのです。特に地域に密着してそういった陰徳も含めて分かっていらっしゃる信金をはじめとする地域金融機関が果たす役割がいかに大きいかということかと思います。

　環境省はこの実践ガイドを通じましてそういう事例を積み上げて公表しています。最新版が今年の3月に出ていますので、ご興味がありましたらぜひこれをご覧いただければと思います（スライド20）。

　具体例としまして、昨年度、2022年度に取り上げた事例としましては、例えば群馬銀行ですが（スライド21）、これはSUBARUの地元でありますので、SUBARUに連なるTier3以下の自動車部品メーカーが今後どうなっていくのかということについて仮説を立てて取引先に対して対話を深めていらっしゃる話です。

　第四北越銀行は、燕三条の鋳物やはさみなどが有名ですが、今、こういうものも海外では人気があるわけなのですけれども、これが脱炭素の流れの中できちんと競争力が保てるのかどうかという話を取引先とかなり深くやっていらっ

しゃっています。

このような事例などが紹介されています。ぜひこういった事例などもご覧いただければと思います。

最後に、そういった視点を持った機関が取引先に対してどうアプローチするかということですが、これも釈迦に説法もいいところなのですが、ちょっと視点をご紹介したいと思います（スライド 22）。

スライド 23 をご覧下さい。こういう話をしますと、特に脱炭素の話が典型ですけれども、CO_2 を減らさなければならないとなると、どうしても図の下の部分に目が行きがちです。環境負荷をいかに下げていくかということです。いわゆる環境負荷の低減ですね。

ですが、紙・ごみ・電気の ISO などを思い出していただくといいのですけれども、空いている会議室を見つけて電気を消して回ったり、ほごになったコピー用紙の裏面を使ってコピーをやったり、と、最初はこういう取り組みをすれば猛烈に効果があります。ですが、3 年、4 年、5 年とやっていますと効果が大体飽和してきて維持管理が目的になってしまうという話になってきます。

リスクの低減だけを目標にすると、どうしても限界が来るわけです。であれば必要になるのは、空いている会議室の電気を消して回るぐらいなら、その力も仕事に集中させて、みんなで一生懸命働いて生産性を上げて明るいうちに帰ろうという発想です。生産性の改善に終わりはありません。逆に言いますと、アップサイドの方、価値創造、機会の方の話に目を向けられるかどうかというところは、多分、死活的に重要な話になってきます。

つまり、リスクの低減はもちろん一義なのですけれども、そこの中に含まれている要素からオポチュニティにどう転換していくかという視点が求められているのだろうと思います。

例えば、リスクの視点でいいますと（スライド 24）、日々、実践されている話ですけれども、この後、カーボンプライシングが入ってくる、サプライチェーンが強化されて上場していない企業でもいずれ Scope3 の観点でいろいろ縛られる、人が来なくなる、ということで脅しながら、とにかく CO_2 を減らそう、

省エネに努めようという取り組みは、現に実践されていると思います。

　ただ、中小企業は何もしていないのかといいますと、そのようなことは決してないわけです。むしろ、生き残りのため、昨今のインフレの下、エネルギーコスト削減のために相当な汗を流しています。

　これは経営者から見たらコスト削減に過ぎないわけですけれども、見方によっては、エネルギー効率の改善だったり、資源循環の効率性の改善だったり、要は見えない環境経営が取引先の中で日々実践されているわけです。それは先ほど申し上げた水面下の情報になってきます。

　こういう陰徳といいますか、見えない価値にきちんと意味付けをしてその会社の強みとして引っ張っていってあげられるかどうかということが、まさにリスクを機会に転換する視点です。

　不良品を作らないということなどは典型的ですよね。資源を使ってごみを作るのは最悪なわけですけれども、こういったところの努力を単にコスト削減と見ないということです。これは実はその会社が実践している環境経営なのだということです。

　そうだとしたら、そこにどのような付加価値を付けられるのかと考えていくことです。ここが銀行といいますか、多分、今、金融機関が一番考えなければいけない視点だろうと思っています。

　機会のほうは言うまでもないです（スライド25）。世の中でいっぱいいわれている脱炭素に向けた取り組みは、水素への転換もそうかもしれませんし、ひょっとしたら水素社会にはいきなり行かず合成燃料でしばらく内燃機関は生き残るかもしれません。そういったいろいろな話があるわけです。先ほどの銀行がそうですが、こういった話をきちんと自分で咀嚼して仮説を立てて取引先と話をして誘導していくということです。

　まさに環境省が支援しておられる地域ESG金融を使った事業性評価がオポチュニティを伸ばしていく上で非常に重要な視点になってくる話だと思います。昨年度、尼崎信用金庫さんも先ほどの環境省の事業にご参加いただきまして、まさに事業性評価を使ってどうやってこういう企業の陰徳を見える化するかと

いうところで汗をかかれています。われわれも大変勉強になりましたので、この場を借りまして改めて御礼を申し上げる次第であります。

　最後はそのためのヒントになりそうな話をおまけとして持ってきました。スライド26はもしお時間があれば後で見てほしいのですが、こういう意識を持っている自治体の先行例としまして長野県があります。

　長野県は、まず県から見てSDGs的な要素で頑張っている企業にフラグを立てるという取り組みをされています。県がやるのはフラグを立てるところまでです。それを見て金融機関がどういうサポートができるかと考えろと一種の競争を促しているわけなのです。

　ここにプレス加工や官公庁向けの情報サービスを開発している会社と従業員3人ぐらいのプロが集まっているデザインセンターの3社の例を集めています。このプレスメーカーなどはそうなのですけれども、このまま行くと、いずれ「ゆでがえる」になるという危機感を持った人が自社の強みをどうやって見せていくかを考えた時に、結局、われわれは製造業で、不良品を作らない、生産性を上げるというところでかいている汗こそ武器だということでそこを見える化する仕組みに取り組んでいらっしゃいます。

　官公庁向けのシステム会社（スライド27）などは、この先、間違いなく行財政改革の中で仕事が先細りということですので、われわれは他にできないのか、いわゆる社会課題の解決と自分たちの武器がつながらないかと考えまして、IoTだとなりました。今、食品の卸売業者などはコールドチェーンが切れていないかどうかというチェックに相当汗をかいています。この部分は、センサー技術を使えば省力化に相当貢献できます。こここそ社会課題の解決と収益が直結するというメッセージを出していらっしゃいます。

　デザインセンター（スライド28）は、ノベルティーの発注を受けて、自分たちはデザインすれば終わりだったのですけれども、よくよく考えてみたら、これは環境ではないのですけれども、域内でプロダクトまで持っていけばきちんと所得が循環するという発想を持って障害者福祉施設にそういう作業を依頼して所得の循環をつくり上げていきました。

このような事例がたくさんあります。これを単に素晴らしいということで終わらせてしまうのか、この中に埋没している価値をきちんと金融機関が見いだしてサポートできるかどうかということです。恐らく地域 ESG 金融はそこが肝になるような気がしています。リスクから機会への読み替えあるいは機会そのものを広げていくということです。この深みは先ほど申し上げました資本市場でやっている話よりもよほど手触り感がありますから、地域 ESG 金融はこれから最も求められる役割なのだろうと考える次第であります。

　ちょうど頂いたお時間を使い果たしましたので、私からのご説明は以上とさせていただきます。どうもご清聴ありがとうございました。

荒木：

　竹ケ原さま、ありがとうございました。

　第 2 報告は、神戸大学経済経営研究所教授で、このたび新設された地域共創研究推進センター長を務める家森信善教授による「ESG 地域金融と事業者支援」です。

　家森教授、よろしくお願いします。

ESG 地域金融と事業者支援

家森 信善
（神戸大学経済経営研究所教授・同地域共創研究推進センター長）

　皆さん、こんにちは。神戸大学の家森です。

　本日は、本シンポジウムにお集まりいただきましてありがとうございます。主催者の一人として、簡単なご挨拶をした後、本題に入らせていただきます。

　神戸大学経済経営研究所ではこういうシンポジウムを毎年 1、2 回実施してきたのですが、コロナ禍で過去 3 年間はオンラインでの実施となりました。今回は、久しぶりの対面開催で、積み重ねてきたノウハウが 3 年のあいだに失わ

れてしまいました。さらに、3年前はご存じのとおり、会場だけで開催していたのですけれども、今回はZoomを活用し、遠隔地からの参加も可能にしております。そのおかげで、会場以外に、現時点で、225人の方に参加していただいています。遠隔配信という点では、新しい試みに取り組んでおります。

今日は、そういう事情から、会場の皆さま、オンラインでご参加の皆さまにいろいろとご不便をおかけしていることと思います。ぜひご容赦をお願いします。今日を教訓にして、次回以降、もっと良くしていこうと考えております。

さて、今日は、「ESG地域金融と事業者支援」についてお話しさせていただきます。

先ほど尼崎信用金庫の作田理事長からもご紹介がありましたように、昨年1年間、尼崎信用金庫さまと神戸大学経済経営研究所で共同研究を行ってきました。そして、この研究は現在も続けております。1年目の成果としまして、今回、このシンポジウムを中間発表の形で開催させていただいています。

そもそも私が尼崎信用金庫さんにESG地域金融というテーマでお話を持っていったのは、尼崎信用金庫さんは事業性評価におきましては信用金庫だけでなくて日本の地域金融でトップランナーの一つであるからです。そういう尼崎信用金庫さんなので、今後、きっとESGの要素を入れていかれるだろうと考えました。それなら、事業性評価の幅と深さを良くしていくために、きっとご了解いただけるのではないかと思って、お話を持ってまいりました。その結果、現在の共同研究が進んでいるところです。

今日、これからお話しすることはスライド2（巻末付録177ページ以降参照）にまとめています。まず、地域企業が持続的に発展していくためには環境や社会に対して配慮した経営を進めていくことが必要であります。竹ケ原さまからご紹介がありましたように世界のトレンドがそうで、大企業は既にそうでありますし、恐らくは中小企業につきましてもそういう方向に行くということであります。

ところが、これは新しい試みですので、中小企業の方々が自分だけでやろうと思ってもなかなか難しいです。そこで地域の金融機関の皆さん方が幅広い意

味での金融面からこれを支援していくことが必要になってくるということであります。

こういう点に関しましては、環境省でも地域金融機関にノウハウがないだろうということでそのノウハウをつくってもらうための事業として ESG 地域金融促進事業というものを竹ケ原さまが座長になって私も委員として参加させていただきながらやっています。

そこにも例えばこのようなことを書いています。「地域金融機関は、自治体と連携し、地域資源の活用にかかる知見や ESG 要素を考慮したファイナンス（事業性評価など）を提供することで、取組推進の核となる重要なポジションにある」ということで、ここでも、地域金融機関に期待しています。それから、ここでは自治体と連携してやっていこうと言っていまして、今日、この後、兵庫県庁からご参加いただいているのも、まさに地域金融機関だけでも無理、県庁だけでも無理ということで、さらに神戸大学も一緒になって連携しながら対応していきたいということです。まさに、ガイドにあるようなことを実践していこうということです。

金融庁が出している金融行政方針の中でも、サステナブルファイナンスを推進していくということで、従来は資本市場でのサステナブルファイナンスが中心であったところ、ここに来て、地域金融機関が中心になる間接金融におきましても重要な問題であるということで、こういう認識も広がってきているところです。

今日、私は中小企業の側がどのように思っているかというところや中小企業の状況という点を主としてお話ししたいと思います。

ここでは、大同生命サーベイ「サステナビリティ経営の取組み状況」というものを使いたいと思います（スライド3）。大同生命さんとも私は共同研究を昨年実施していました。この成果を本にまとめようとしているのですけれども、今日はそこからご紹介してみたいと思います。

まず、SDGs の認知度ということで、大同生命サーベイというのは大同生命さんのお客さんだけではないのですけれども、中小企業の 6,000 社、9,800 社、

7,500社というかなり大きな数の全国の企業にアンケートをさせていただいているものです。

　この3年分を見ていただきますと、SDGsを知っていますかという質問に対して左側の「名称・内容ともに知っている」というのは19年の時には13％しかなかったものが21年には51％になり、22年には58％です。内容までは分からないけれども名称は知っているというものまでも合わせれば、ほぼ皆さんが知っている状況になってきています。これは劇的な変化です。こういうふうに地域中小企業の皆さんの間でもSDGsについての認知は高まっています。

　では、それを知っているだけでなくて、実際に行動や経営に生かされているかというものがスライド4です。大きく見ますと、ここではサステナビリティ経営と呼んでいますけれども、上の1番と3番のSDGsを取り入れて本業をやっている方々が、重複もありますが、それぞれ7％、4％あります。

　今回、資料をペーパーレスにさせていただいていますけれども、典型的には省エネをやる、こういう形のペーパーレスをやるというのが間接のやり方であります。これは2割ぐらいやっています。

　5番や6番を見ていただきますと、5番のやりたいと思っているけれども何をしたらいいか分からないとおっしゃる方は残念ながら2割ぐらいいらっしゃいますし、それから、6番の3割ぐらいの方々はまだ自分のところには関係ないと思っていらっしゃるという状況になっています。

　どのようなことをやっているかといいますと（スライド5）、典型的なのは、ESGでいいますと主にEとSに当たるのですけれども、従業員の働きやすさというSに当たるところが今は一番多くて、それから、ペーパーレスや節水、廃棄物というEのところがこのような比率になっています。

　先ほど竹ケ原さまからもありましたように、中小企業の方々が今までやってこられたことには、SDGsの観点で評価できることがいくつもあるということです。

　スライド6を見ていただきますと、左側が本業でサステナビリティをやっているところ、それから、真ん中が間接的に取り組んでいるところです。その2

つを合わせてサステナビリティをやっているとしますと、5人以下、6から10人、11から20人、21人以上と企業規模で見ますと、下に行くほど大きくなっていることが分かります。ある意味、当然ながら、大きな企業ほどできている、小さな企業ほどできていないということになります。これがまず一つです。

しかしながら、従業員5人以下の企業でも、現在、2割ぐらいの方々は直接・間接を合わせればサステナビリティ経営をやっていると自覚されているという状況になってきています。もう少し広がってくれば、みんながやっているという状況に近付くということであります。ですから、小さいからできないとおっしゃるお取引先さまがいるとしても、従業員が5人以下でももう5社に1社はやれているというところです。

では、こういうしっかりやっている企業はどのような特徴があるかということです。今日お示しするのは1つなのですけれども、中期的な経営計画があるかという基準で企業を区分してサステナビリティ経営をしているかどうかということを調べたのがスライド7です。

これを見ていただきましたら、今度は上からきれいに小さくなっていきます。一番上は、中長期的な計画があり、今後も継続するという非常に経営に計画性があるところです。一番下は、現在は計画がなく今後も作成する可能性は低いということで、計画なく経営されているということです。

SDGsを考える上で、ESGでもそうですけれども、長期的な視点が大事です。2050年にカーボンニュートラルになるといいますとこれから30年先までを見ながら経営していくということですので、経営において長期的な視点が必要なのです。明日のことだけ見ているなら別に今日脱炭素をしなくても多分大丈夫なのですけれども、30年先を考えますと今日何かをしないと駄目だというふうになってきます。

経営も同じでして、計画がありますとその中に脱炭素や従業員の働き方を入れてこないとわが社はこれから先うまくいかないと予想できるということです。そうなりますと、地域金融機関の皆さまにとって言いますとお客さまが中長期的な計画を立てるということがまず1歩目にあると思うのです。

その時に、お客さまには先ほど見ていただきましたようにサステナビリティなどはわが社には関係ないと思っている方がいらっしゃいますから、中長期的な計画にＥやＳがないものが出てくるかもしれません。でも、まずそれを作ってもらうということだと思うのです。

　それを作ってみて「社長、これで５年先、10年先の計画を作りましたね。本当にこれが目指す姿としていいですか。何か忘れていませんか」ということでディスカッションすることになると思うのです。

　その中で、10年の絵を描いてみますと、10年後に例えば脱炭素のことを全く考えていないのでは経営としてうまくいかないと気がつかれて、何か入れないといけないというふうになってくるのではないかと思われます。

　その意味で、地域金融機関の皆さんは、まず日頃から、企業の将来のことを考えよう、それを具体的に経営の形に落としてみようということで、そこから始めていただきますとサステナビリティ経営を始めるきっかけになるのではないかと思われます。

　サステナビリティ経営をやっているとどのようないいことがあるかということでありますけれども、スライド８では、例えば、コロナがあった時にどのような影響がありましたかという趣旨の質問をしました。

　われわれとしましたら、サステナビリティ経営はリスクに強い経営ですので、コロナのような異常事態が起こった時にでもショックは受けるにしても回復力が速かったり、ダメージが小さいのではないかと思ったわけです。

　この３つを見ていただきますと、実際に上から徐々に小さくなっていますので、サステナビリティ経営を実施している、しかも本業でやっているという人の方が、例えば３つ目のサステナビリティ経営を全くしていない人に比べて、「とても小さい」「やや小さい」というダメージが小さい答えが相対的には多いことが分かります。

　ただ、この時、やっている人でも意外にダメージはそれほど差がないなと思ったので、もうちょっと調べてみたものがこの一番下です。といいますのは、サステナビリティ経営の効果は、調査時点で実施していてもそれを始めたばかり

のところと何年も前からやっているのとでは当然違います。

　特に、コロナのショックがあって、このようなことではいけない、非常に大きいダメージを受けているのでこれからはサステナビリティをしっかり意識しようと思った方は逆にダメージが大きいので1を選んでいる可能性があるのです。

　因果の関係を明確に見てみたいと思い、一番下に示していますが、4年前、つまりコロナが始まる前から既にサステナビリティに関して意識を持って経営をやっていた人に限って見てみましたら、悪影響の小さい人の割合がより多くなりますし、右側の「やや大きい」「とても大きい」の部分が少なくなっています。つまり、サステナビリティ経営を長い期間やっているところはショックに対して強いと読み取ることができます。

　スライド9は、サステナビリティ経営を取り入れる契機や要因はどうですかと聞いてみたものです。この上の2つ、「気候変動対策や環境保全に対する社会の意識が高まっているため」「サステナビリティ経営の考え方が自社の企業理念・経営理念と一致しているため」という回答が多いのです。

　ただし、注意しておきたいのは、現在、例えば規模の小さな会社ではまだ2割しか対応していません。そういう感度の高い人たちにつきましてはまさに感度の高い回答が返ってきているということであります。

　真ん中ぐらいにある「自社製品・サービスの競争力を向上させるため」という本業への貢献を意識されている方々ももちろんあります。

　残念ながら、これは地域金融機関も含んでいるのですけれども、一番下の「商工会議所や業界団体等の支援機関や金融機関から助言があったため」というのは、ほとんど現在はないです。これは地域金融機関や支援機関の助言が必要ないということではなくて、現在、ここまで取り組まれている感度の高い経営者の方々はそういうことを言われなくてもやってきたということだと思います。

　こういう方々はもうやられていますので、いよいよこれからそうでない方々を説得し、やってもらうというところにかかってきます。今、既に2割の企業が取り組んでいますから、もう少し多くの人たちがやろうと思ってきますと、オセロで白黒が一気に逆転するところに近付いていくと思うのです。しかし、

ここからしばらくそのようなものは関係ないと思っている方々に対して、いかに広げていくかというところが重要になってきそうです。

そういう中で、サステナビリティ経営の上での課題はどのようなことですかと聞いたのがスライド 10 です。そうしますと、一番多いのは一番上にあります人材が不足しているということです。

スライド 10 は、本業で実施している企業とやっていない企業の2つにサンプルを分けて描いているのですが、人材不足の項での特徴は上側の棒（本業実施企業）に比べて下側の棒（未実施企業）がぎゅっと長いことです。やっている方々も人材の不足はもちろん 20 数%ありますけれども、やっていない企業の方が人材の課題が多いということなのです。

この理由は、Learning by Doing でやりながら学んでいくという部分がありまして、やり始めると人材が育ってくるのです。当たり前ですね。やったことがないのにそういう人材が社内にいたらおかしいです。人材の無駄遣いになっているわけです。新しい取り組みに必要な人材は、やりながら育てていかないといけないわけです。そこの支援があることを知らせることが必要になります。人材がなくてできていない方々に対してリソースやノウハウを支援機関が提供することが必要になってくると思われます。

それから、もう一つ特徴的なのが真ん中の、商品・サービスの開発に時間がかかるというところです。ここは、今度は上の棒が長くて下の棒が短いということです。実施していない人はあまり意識していないのですが、実際にやってみるとここの回答がぐっと増えてくることが分かります。これは取り組んでみるとすぐに成果が出てこないと感じられるということです。

これは地域金融機関にとっては得意なことだと思うのですけれども、今日明日に成果を出してくれと言いますとなかなかできないものなのですね。時間がかかります。その時間をゆっくりと皆さん方金融機関が伴走できるかどうかという覚悟が求められると思うのです。

「応援しますよ。でも、あした、すぐに成果を出してください」というのはこの事業ではなかなか難しいです。じっとしているわけではないのですけれども

着実に進んでいくプロセスを応援できるかどうかということだろうと思います。

　ちなみに、一番下の「課題はない」というのを見ますと上の棒が長めです。実際にやっていらっしゃる方々は課題を感じていないというところも結構あるということです。ですから、まずは小さなものでもいいからやり始めてみることが重要だと感じ取れる結果です。

　スライド11は役立った支援についてです。すでに取り組んでいる方々にこれまでで役に立った支援は何ですかと改めて聞いた質問です。「融資や補助金による支援」が一番多いとはいえ3割ぐらいです。

　最初、意外に効果がないのだなと私は思ったのですが、よくよく考えたらこの人たちは自分でも勝手にやるようなすごく問題意識の高い人たちだったのです。こういう人たちでも支援はありがたかったという方が一定程度いることになります。

　そうしますと、先ほど申し上げましたように、これから取り組む人たちに対しましては、ここはもっと効果が出てくると思いますし、今日はお示ししていませんが、企業規模で切ってみますと小さな企業ほど支援はありがたかったというお答えは多いですので、中小、特に零細企業の支援としての補助金や優遇する融資制度は重要になってくるものと考えられます。

　その他、例えば、今回の勉強会もそうなのですけれども、講演やセミナーによる情報提供もそれなりに効果がありまして、例えばお客さまが今後勉強したいという時にこういうセミナーや市・県や商工会議所さんなどが実施している勉強会などもすごく有用なツールになっているということであります。

　一番下の「役立った（希望する）支援はない」というのも、今の企業の方々はそのようなものがなくてもやるという方がいっぱいいらしたので、この段階はこれが少なくてもよかったのですが、これからはここの部分を減らしていかないと、取り組む方がどんどん増えていくことにはならないのではないかと思います。

　今度はやっていない企業さんに何でやっていないのですかと聞いたものです（スライド12）。そうしますと、多いのは「取り組むメリットが見いだせない」

ということで、これは 4 割ぐらいあります。この方々は今の状況の下でも関係ないと思っていらっしゃる方々が多いです。

　それから、「取り組まない場合のリスクを感じない」という方々も多いです。この辺りには気付きを与えていくことが必要だと思われます。リスクだけではないのですが、やはりリスクがあるというところを伝えていく必要があるのだろうと思います。

　下の 6 番が 2 番目に多いわけですけれども、先ほどと一緒で知識・人材が足りないと言っています。この部分でノウハウの支援が必要になってくるのだろうと思います。

　残りの時間で、具体的な事例を少しだけご紹介したいと思います（スライド 13）。地域銀行による取り組み例としまして地域金融機関でどういうことをやっているかという例です。

　今日ご紹介する滋賀銀行と次のスライドの福岡銀行さんは、それぞれ、環境省がやっていらっしゃる 2022 年度の ESG ファイナンス・アワード・ジャパンで、滋賀銀行さんが銀賞、福岡銀行さんが銅賞に輝かれています。これも竹ケ原さんと私が一緒に審査員をさせていただいています。

　まず、滋賀銀行さんです。滋賀銀行さんはあらゆる環境の分野でわが国を代表する取り組みをされていますけれども、ここの例でいいますと、まず、お客さまに問題を理解していただいた後、次に測ることが必要でして、CO_2 をお客さんは一体どれだけ出しているかということを知ってもらうということで見える化をされています。

　これだけ出ているということが分かりますと、それを減らす努力をやるということになります。減らしなさいと言うだけではなくて減らすためには例えばこのような方法があるということを提案されていくというスキームをつくられています。

　スライド 14 は、福岡銀行さんの SDGs スコアリングモデルサービスです。これは、お客さまの SDGs の取り組み具合を見える化しようというわけです。脱炭素だけでなく、もっと広い SDGs のスコアを作るということです。それを

作りますと、私は何点ぐらいでまだまだ足らない、私はこういう分野が弱いということが分かるということで見える化をする取り組みであります。

　福岡銀行さんの場合には九州大学さんと連携して評価モデルを作られてそれを当てはめてやっていらっしゃいますが、必ずしも全ての金融機関が自分で独自のスケールを作る必要はありません。例えば、兵庫県でしたら県庁が作られるような SDGs 登録制度などを利用してそれを取り組みの土台にするということでいいのではないかなと私は思っています。

　金融機関ごとに独自の味付けをされることはもちろん良いことなのですが、スケールを作ること自体よりもスケールを使ってお客さまと対話するというほうがより重要ではないかと感じています。

　最後の部分は、事業性評価の深化ということでして、こういう ESG 要素を含めたお客さま理解をこれからやってかないと地域金融機関としてお客さまを見たことにならないのではないかということであります。

　スライド 15 は、竹ケ原さんに先ほど示していただきました ESG 地域金融実践ガイド 2.2 の中から取り出してきているものです。ここに書いていることは、皆さん方が ESG 要素を意識しておられるかどうかは別にして、今まで普通にやっていらっしゃる事業性評価であるということです。

　事前準備をしてお客さまのことをヒアリングし、そこから分析し、最後はお客さまと対話して共通認識をつくり、実際に対応していくということです。そういう中に ESG の要素を含んでくるということがこれからは不可欠になるのだろうということであります。

　そういうことは別に目新しいことではなく、これまで地域金融機関の皆さん方がされていたことで、まさに皆さんの強みなのです。その強みをバージョンアップしていくということになるのだと思います。

　スライド 16 の末尾の実践のポイントにも書いていますけれども、環境に対してどういうインパクトがあるのかということを客観的に皆さん方が理解した上でそれを継続的にモニタリングしていけるというところが地域金融機関の強みなのです。

お客さまと毎月会います。そうしますとお客さまのこういう動きがどのような環境負荷になっているのかということを分析できるということです。そこから対話しながらお客さまの事業の将来の発展、あるいは、場合によったらリスクについて理解し、そのリスクを減らし、発展する可能性を高めるような対話をしていくことになっていきます。こういうような事業性評価の深化が期待されています。

　尼崎信用金庫さんに次に報告していただきます取り組みはまさに ESG をいかに企業理解の中に組み入れていったらいいかということです。当然、細かくすることは負荷がかかりまして、詳しければ詳しいほど実践性がなくなっていくという部分もありますので、そのバランスをどうするかというところで模索されてきたものであると私は理解しています。

　それでは、私の講演はここで終わらせていただきます。どうもご清聴ありがとうございました。

荒木：

　家森教授、ありがとうございました。

　第3報告は尼崎信用金庫価値創造事業部の田中直也部長による「ESG 要素を考慮した事業性評価の取り組み　尼崎信用金庫の挑戦＜ツールの開発と活用＞」です。

　田中部長、よろしくお願いします。

ESG 要素を考慮した事業性評価の取り組み
－尼崎信用金庫の挑戦 ＜ツールの開発と活用＞－

田中 直也（尼崎信用金庫価値創造事業部 部長）

ただ今ご紹介いただきました尼崎信用金庫の田中です。

　本日は、昨年度より実施しています ESG 要素を考慮した事業性評価の深化

を通じた地域における事業者支援構築に関する神戸大学・尼崎信用金庫共同研究の中間発表と昨年度にESG地域金融促進事業に採択いただき考案しましたESG要素を考慮した事業性評価シートの開発と活用につきまして、共同研究ならびにESG地域促進事業のメンバーを代表して私が発表させていただきます。どうぞ最後までお付き合いのほどよろしくお願いします。

　スライド1ページ目（巻末付録185ページ以降参照）です。項目が1から8までありますが、5番のESG要素を考慮した事業性評価の研究過程から8番の今後のビジョンについてを中心に発表させていただければと思います。

　スライド2は当金庫の概要についてです。創業は1921年で今から2年前の2021年6月に創業100周年を迎えました。第2の創業の思いで次の100年に向けて日々活動しているところです。

　こちらのスライド3ですが、当金庫は、創業以来、地域社会への貢献を経営の基本方針に掲げ、地域社会の発展を常に考えた事業活動に取り組んでいます。

　続きまして、こちらは当金庫の事業性評価およびSDGs・ESGへのこれまでの取り組みにつきまして主な取り組みなどを紹介しています（スライド4）。お時間が許す時に改めてご清覧いただければと思います。

　続きまして、当金庫のお取引先企業のポートフォリオにつきましてご説明させていただきます（スライド5）。

　当金庫は従前より事業性評価に基づく融資や事業サポートに重点を置きながら特定の業種に偏ることなくサポート事業を行っております。よって、ご覧いただいていますように特定の業種に偏ることなくバランスの取れたポートフォリオとなっています。

　次に、ESG要素を考慮した事業性評価・支援体制の構築のきっかけにつきましてご説明させていただきます（スライド6）。

　当金庫は事業性評価・伴走支援を強みの一つとして従前より取り組んでおり、環境の取り組みにおきましても業界で先駆けて取り組んでまいりました。一方で、業種ごとに異なるESG要素を把握し、お取り組み状況や課題を確認し、支援につなげていくという仕組みは構築できていませんでした。今後のお取引

先に対する伴走支援を深化していく上で ESG 要素を考慮した事業性評価の体制構築が必要であると感じ、体制構築を進めるきっかけの一つとなりました。

　続きまして、ESG 要素を考慮した事業性評価の研究過程につきまして説明させていただきます（スライド 7）。

　共同研究は、当金庫より本部職員 5 名、営業店職員 5 名の合計 10 名をメンバーに選出し、2 年のスパンで研究を進めています。

　昨年 5 月よりスタートし、第 1 回は環境省環境金融推進室長（当時）の近藤さまに「地域金融への期待、ともに成し遂げたいこと」をテーマとしましてカーボンニュートラル実現に向けた中小企業経営や金融機関の支援の在り方につきまして講義を頂きました。

　2 回目は、昨年 7 月に本日ご来場いただいています元金融庁地域金融企画室長の日下さまに「地域金融機関のサステナビリティ」をテーマとしまして今後の事業性評価の在り方や地域のサステナビリティに必要なことにつきまして講義を頂きました。

　3 回目は、昨年 11 月に浜松いわた信用金庫 SDGs 推進部副部長の竹内さまに「信用金庫業界の ESG の取組」をテーマとしましてお取引先に対する SDGs の使い方や実践されていることなどを講義していただきました。

　4 回目は、今年 3 月に家森教授に「基盤となる事業性評価の重要性と中小企業のサステナビリティ経営の現状・課題」をテーマとしまして中小企業が金融機関に求める支援や中小企業のサステナビリティ経営への取り組みの状況や課題、支援の必要につきまして講義を頂きました。

　続きまして、ESG 地域金融促進事業は共同研究と並行して価値創造事業部のメンバーを中心に取り組んでまいりました。2 週間に 1 回のペースで定期的にディスカッションを行い、当金庫の融資ポートフォリオから主要な業種・業態を分析し、また、取引先のサプライチェーンからの要請状況を把握し、業種ごとに重要度の高い ESG 要素を特定し、後ほどご紹介する事業性評価ツールの検討・作成を行いました。

　仕組み・ツールの作成に至るまで共同研究メンバーとの間で ESG 地域金融

促進事業での取り組み内容を共有し、意見交換を行い、現場で使いやすいサステナブルなツールとすることに主眼を置いて試行錯誤を行ってまいりました。

　現状は仕組みができた段階であり、今後、営業店でツールの活用を行い、PDCAを回していくことでESG要素を考慮した事業性評価・支援体制を現場レベルまで定着させ、ESG要素に着目した地域企業の価値を発掘・支援していきたいと考えています。

　続きまして、考案しましたESG要素を考慮した事業性評価ツールにつきまして説明させていただきます（スライド8）。

　左から選択式設問シート、真ん中がESG要素を考慮したローカルベンチマーク、3番目にESG要素を考慮した事業性評価シートの3つとなります。それぞれのシートにつきまして説明させていただく前に、まず、この3つのツールのESG要素を考慮した事業性評価に基づく伴走支援体制における位置付けや役割につきまして説明させていただければと思います。

　スライドのページが少し飛び、スライド15に移ります。こちらはESG要素を考慮した事業性評価に基づく伴走支援体制を表したものです。

　3つのツールを作成したことにより企業のためのSDGsの手引書で有名なSDG Compassの5つのステップに応じた支援体制を構築することができました。

　当金庫は昨年7月にあましんSDGsパッケージという商品の取り扱いを開始しました。商品の概要は、1、お客さまのSDGsの取り組み状況を可視化し、診断結果レポートを作成、2、SDGs宣言書の作成をサポート、3、宣言書作成後、目標達成に向けて継続的にサポートしていくという商品です。主にステップ3の目標を設定する支援ツールとなっています。

　今期に入りSDGsパッケージの申し込み状況も増加基調にありますが、取り扱い当初はお取引先に商品性を理解していただくことに苦戦を強いられることもありました。といいますのも、お取引先にSDGsパッケージを提案する時に営業店の現場ではSDGsという枕ことばがまず冒頭に出て商品の説明のみで終わったり、普段の資金繰りや販路開拓、人材不足などの短期目線での相談の延長線上でSDGsの提案をしてもお客さまとの対話で時間軸が合致していないこ

ともありました。また、SDGs パッケージ、SDGs 宣言書策定をサポートした後、どのように継続的にサポートしていったらいいのかという現場の声もありました。

　この現状を考えた時にステップ 3 につなげるステップ 1、2 およびステップ 3 から伴走支援につなげていくステップ 4 の支援ツールが必要であると気付き、この 3 つのツールを考案するきっかけとなりました。

　いかに普段の営業スタイルから SDGs というワードを冒頭から使わず、時間軸を長期的な目標やビジョンの実現に向けた取り組み支援を行っていくのかと考えた時に当金庫が従前から事業性評価の一環で活用しているローカルベンチマークに ESG の要素を考慮したツールがあればという思いから、ステップ 1、2 の支援ツールとして ESG 要素を考慮したローカルベンチマークを考案しました。

　ローカルベンチマークは、企業の経営理念や将来のあるべき姿をヒアリングし、現状とのギャップを認識し、課題と今後の取り組み内容を決めていくといったバックキャスティングな発想が SDGs・ESG との親和性もあるように感じています。また、既存のローカルベンチマークの評価項目にも ESG 要素が含まれています。

　また、SDGs パッケージは宣言書策定後の目標に向けた継続的なサポートを行っていくことが商品の特徴となっています。その目標に向けた全社的な戦略（プロセス）を構築するツールとしての位置付けとしましてステップ 4 で事業性評価シートを考案しました。

　また、ステップ 5 としまして、ステップ 4 の事業性評価シートを基に PDCA を回し、伴走支援を通じてコミュニケーションを取り、最適なソリューションの提供につなげてまいります。また、ステップ 0、1 の導入部分の位置付けとしまして選択式設問シートを考案しました。

　少しスライドを戻させていただきます。

　それでは、まず、スライド 9 ですが、先ほどの選択式設問シートについてです。このシートはアンケート形式となっています。業種を問わず幅広いお取引先さまに対しまして少ない負荷で簡潔に ESG 全般に関する関心度に加えて CO_2 排出量の削減など、主要な 12 項目についての取り組み状況をヒアリングするこ

とができます。ESGへの課題認識や取り組み状況を確認することで、ESGへの取り組みの必要性を認識し、取り組みを深掘りするきっかけづくりにつながると考えています。

　また、もう少し理解を深めたいお取引先に関しましてはセミナーや勉強会へ誘導するツールにもなっています。本部としましては、営業店がヒアリングしたデータを基に地区や産業特性などの分析を行い、今後のソリューションの提案に広げていきたいと考えています。

　次にESG要素を考慮したローカルベンチマークにつきまして説明させていただきます。

　こちらのスライド10ですが、ローカルベンチマークの4つの視点、経営者、事業、事業を取り巻く環境、内部管理体制を対話により確認することで経営全般を俯瞰することができます。

　4つの視点で対応する場合、ESGのどの要素が入っているのか事前に確認することができ、また、ESGを推進する際に必要となるカーボンニュートラルや地域社会への取り組みといったESGの要素を新たに追加していることが特徴の一つとなっています。

　私は、お客さまとSDGs・ESGの話をする際にスライドの右側にありますピラミッドをよく使います。経営理念を対話を通じてヒアリングし、経営理念に沿った目標・ビジョンの設定、目標を達成するための戦略・戦術といった時間軸で長期的な目線からバックキャスティングな発想でヒアリングをしていきます。

　また、SDGsという目標に向けたプロセスとしてESGがあり、そのプロセスを評価・支援していくステークホルダーの一つとして当金庫があり、お客さまのプロセスに応じた金融支援をすることがESG金融につながるということをざっくりとお話ししますとお客さまの腹落ち感も随分違ってきます。まず、ざっくりと全体をイメージしてもらうことからスタートすることが大切であり、まさにローカルベンチマークはその役割を担うものと考えています。

　こちらのシートは、ローカルベンチマークの業務フローと商流を把握する

シートです（スライド11）。業務フローでは、おのおのの業務の内容、差別化ポイント、業務上内在するリスク・機会、ESG課題などを記載できるようにしています。

また、最終的にお客さまに提供する商品やサービスはどのような価値を提供しているのか、SDGsを通じてどのように社会に貢献しているのかということを対話により確認できるように工夫しています。

商流の把握におきましては、仕入れ先を選んでいる理由や販売先からなぜ選ばれているのかということをESGの観点からも確認でき、また自社だけでなくサプライチェーン全体でリスクや機会を把握できるように工夫しています。

スライド12は、3つ目のESG要素を考慮した事業性評価シートです。こちらのシートは、サプライチェーンの把握を行い、目標達成に向けたESG課題を詳細に把握し、ソリューションの検討・提案、伴走支援につなげていくことを目的としています。まずは、SDGs宣言書の目標の経営への統合、つまり戦略に落とし込むツールとしての活用を考えています。

こちらは、ローカルベンチマークの商流のおさらい的なものとしましてサプライチェーンを分析する資料の一部を抜粋したものです。

スライド13は、目標に向けたESG課題を把握するシートのEの要素の部分を一部抜粋したものです。ESG要素ごとに関心度や取り組み状況を把握し、課題分析を行っていきます。

また、営業店の現場でも活用しやすいように業種を選択することで業種に応じた想定されるESG要素の重要度が自動的に表示される仕組みとなっており、ヒアリングの際に優先順位の参考にすることができるようになっています（スライド14）。また、あらかじめESG要素ごとに想定されるインパクト分析を貼り付けており、スムーズにお取引先と対話することができるようになっています。

それでは、スライド16をご覧下さい。今後のビジョンにつきまして説明させていただきます。

今回、考案しましたツールはさらに精度を上げていく必要があると感じてい

ます。そのためにまず営業店の現場でツールの活用を実践し、また実践を通じて営業店職員に浸透させていきたいと考えています。

　特にESGを考慮したローカルベンチマークは支援機関や金融機関が共通して利用できるツールであり、より良いものに改良し、支援機関や金融機関の皆さまにぜひ今後活用いただければと思っています。

　そして、それぞれの地域でESG要素を考慮した事業性評価・支援を実施することで地域全体のサステナビリティを高め、最終的に地域エコシステムの構築につなげていければと考えています。

　われわれ信用金庫は、事業性評価にESG要素を取り入れ、お取引先に対する支援を高度化していくことで、地域貢献への揺らがない信頼の下、地域の持続的成長に向けて今後も挑戦し続けていきたいと思います。

　最後となりますが、このような場で発表させていただけたのも、家森教授をはじめ、共同研究でご講演いただきました先生方やESG地域金融促進事業でサポートを頂きました環境省の皆さま、野村総合研究所の皆さまのご支援があってのことであり、高い場からではございますが、この場をお借りしまして厚く御礼を申し上げます。

　それでは、そろそろお時間になりましたので、尼崎信用金庫のESG要素を考慮した事業性評価の取り組みにつきまして発表を終了させていただきます。皆さま、ご清聴ありがとうございました。

第6章

パネルディスカッション

「地域の持続的発展のために
地域金融は何ができるのか」

発言録

司会：**家森 信善**（神戸大学経済経営研究所教授・同地域共創研究推進
センター長）

パネリスト（五十音順）：

今井 亮介（環境省大臣官房環境経済課環境金融推進室長）

作田 誠司（尼崎信用金庫理事長）

竹ケ原 啓介（株式会社日本政策投資銀行設備投資研究所エグゼク
ティブフェロー、兼副所長、兼金融経済研究センター長）

古川 直行（兵庫県信用保証協会理事長）

宮口 美範（阪神北県民局長（前兵庫県産業労働部次長）、
神戸大学客員教授）

荒木：

このパネルディスカッションでは第1部で基調報告を行った神戸大学経済経
営研究所の家森信善教授が司会を務めます。

パネリストの皆さまは、五十音順に、今井亮介環境省大臣官房環境経済課環
境金融推進室長、作田誠司尼崎信用金庫理事長、竹ケ原啓介株式会社日本政策
投資銀行設備投資研究所エグゼクティブフェロー兼副所長兼金融経済研究セン
ター長、古川直行兵庫県信用保証協会理事長、宮口美範兵庫県阪神北県民局長
です。

各パネリストの皆さまの詳しいプロフィールは本日の資料としてホームペー
ジに掲載していますので、そちらをご覧ください。

それでは、家森教授、司会をお願いします。

家森：

ありがとうございました。

それでは、パネルディスカッション「地域の持続的発展のために地域金融は何ができるのか」を始めます。

基調講演として、最初に、竹ケ原先生からは ESG 地域金融の重要性や金融機関としての取り組みの状況についてお話を頂きました。私からは、中小企業にとってもサステナビリティについての取り組みが始まっているが、それはまだまだ初期段階だということをお話ししました。尼崎信用金庫の田中部長からは尼崎信用金庫さんが昨年度取り組まれてきた ESG 要素を考慮に入れた事業性評価につきまして概略をご説明いただきました。これから、それらの基調講演を受けて、ディスカッションを展開していきたいと思います。

まず、このパネルディスカッションは地域の持続的発展のためという観点で進めますが、特に ESG のうち E の環境に焦点を当てて議論していこうと思っています。さらに神戸大学が立地しています兵庫県を中心に議論したいと思っています。

最初にパネルディスカッションからご登壇いただいた方にお話しいただくことにしようと思います。

まず、尼崎信用金庫の作田理事長にお話を伺いたいと思います。

先ほどの基調講演で田中部長からお話をいただきましたが、作田理事長自身の自己紹介も交えていただきながら尼崎信用金庫さまが環境省の ESG 地域金融促進事業に応募された理由や、これまでの尼崎信用金庫さまの環境面での取り組みにつきましてご紹介をお願いします。

作田：

ありがとうございます。

改めまして、尼崎信用金庫の作田です。どうぞよろしくお願いします。

本日は、皆さん、こうしたお忙しい中、シンポジウムにご参加いただきましてありがとうございます。少し私からもお話しさせていただきたいと思いますので、よろしくお願いしたいと思います。

　初めに、今、家森教授からお話のありました私どもがESG地域金融促進事業に応募させていただいた理由につきまして少しお話しさせていただければと思います。先ほど冒頭の私からのあいさつの中で少し触れていましたが、私どもも創業当初から地元の金融機関ということで中小企業金融に特化した取り組みを長年にわたって行ってきました。

　ただ、特にこの10年ぐらいを振り返ってみますと、時代の流れやいろいろな環境の変化もありますが、われわれ金融機関の役割は随分と難しい高いレベルでの対応が求められるようになったところです。現状、そうした取り組みの中の一つとして挙げますと、SDGsやESGといった環境分野に関するお取引先への提案が重要な取り組みの一つと考えています。

　特に、地域の中での活性化あるいは持続的な発展につながるテーマとしましては気候変動に対する取り組みが挙げられます。しかし、私どものお取引先の皆さんにとっては気候変動への対応といいましても自社だけでの取り組みは大変難しいテーマでありますので、この辺りにつきましてはわれわれがしっかりとサポートしていくことになろうかと思います。

　わが国も2050年にカーボンニュートラルという目標があります。これから国内の大企業が気候変動に対応した情報開示を行っていくことになり、こうした分野への取り組みがこれからさらにクローズアップされていき、サプライチェーンを巻き込んだ動きが今後さらに加速していくことが予想されます。

　当金庫のお取引先でも今後大きな影響を受けることが想定されます。ちょうど私どもの営業店の職員がお取引先といろいろなお話をさせていただく中で、脱炭素やESGといった取り組みについてどういう切り口でどのような形の提案をするのが一番効果的な取り組みにつながるのだろうかといった、不安といいますか、疑問を感じる声が実際に多く出ているのが実情です。

　当金庫の営業エリア内の地域特性から申し上げますと、先ほど、私どもの部

長の田中からのご説明の中でも表をお示しさせていただきましたが、特定の業種への偏りが少ない地域でもありますので、融資のポートフォリオもそれなりにバランスの取れた構成になっています。

ただ、それ故にさまざまな ESG の要素が逆に存在するということでありますので、中長期的なリスクあるいは発生するタイミングの両面からお取引先企業に大きな影響を及ぼすことが予想されます。

当金庫もこれまでの取り組みの中で環境への取り組みあるいは事業者支援の取り組みにつきましてはそれなりに力を注いでやってまいりました。今後、こうした取り組みをさらに発展させるためには業種ごとに異なる ESG 要素をしっかりと把握した上でお取引先が活動に取り組むきっかけを提案させていただかなければならないと考えています。

また、お取引先がそうした取り組みを進めていく過程でさまざまなソリューションの提案を行い、具体的な伴走支援を行っていくことを考えますと、今回のような ESG 地域金融促進事業といった取り組みが不可欠であると考えまして応募させていただいたということであります。

この事業の取り組みを通じまして、ESG 要素を考慮した今回の事業性評価の取り組みを検討し、共同研究での議論を組み合わせることで、どのようなお取引先の事業に関わる要素を考慮すればよいのか、あるいは具体的にどのような支援を行えばよいのかということにつきまして一定の枠組みをお示しすることができたのかなとも考えています。

もう一つのご質問でありますけれども、これまでの当金庫の環境面での取り組みにつきまして少しご紹介させていただきたいと思います。当金庫は、創業以来、地域社会への貢献を経営の基本方針に掲げて事業活動に取り組んでいます。

ちょうど 2010 年に地元の企業として環境保全活動に積極的に取り組むということであましん緑のプロジェクトというものを立ち上げまして、尼崎の森中央緑地というところで長年にわたって植樹活動や除草・間伐活動を行ってまいりました（スライド 2（巻末付録 199 ページ以降参照））。

また、創業 90 周年の 2011 年には、環境保全の永続的な取り組みとしまして、環境改善に寄与する優れた技術や製品・工法あるいは取り組みやアイデアにスポットを当てる表彰制度であるあましんグリーンプレミアムを創設しまして、これまで 1,500 件を超える応募を頂き、60 先に対しまして表彰を行ってまいりました（スライド 3）。

　このあましんグリーンプレミアムを通じまして、地域の皆さまが環境問題を認識し、草の根レベルから改善に取り組むきっかけや環境問題の改善につながるような新技術の開発や環境文化の創造につながったと考えています。

　その他にも、脱炭素化に向けた支援に関する知見を習得し、地元企業へのサポートを強化するために 2014 年より一般社団法人グリーンファイナンス推進機構に私どもの職員の出向を行っています。これまで 3 名を出向させていただきまして脱炭素化に向けた取り組みの支援を行っているところです。

　さらに、2019 年 10 月にはあましん SDGs 宣言を表明しまして、地域経済の活性化と持続的な発展、魅力ある地域社会づくりへの貢献、環境保全の永続的な取り組みを 3 つの重点項目としまして、SDGs の目標達成に向けた活動に積極的に取り組んでいます（スライド 4）。

　また、2019 年 10 月より、SDGs の取り組みを事業に生かしておられる、あるいはカーボンニュートラル等の ESG に向けて取り組んでおられる地元企業を対象に SDGs 応援融資の取り扱いを行っています（スライド 5）。

　SDGs の趣旨に賛同した上で地域課題に寄与されている組織や団体などに当金庫から融資額の 0.5% の寄付を行っていまして、これまで尼崎市、西宮市、芦屋市、一般財団法人持続性推進機構に寄付をさせていただきました。

　併せまして、当金庫が起点となり、取引先の SDGs を推進するために 2022 年 7 月よりあましん SDGs サービスパッケージを創設しました（スライド 6）。本サービスによりお取引先の SDGs 宣言の支援を行うとともに、宣言後もフォローアップを継続することでお取引先の伴走支援につなげていくというところです。

　そして、2023 年 4 月には、今、申し上げました活動を通しまして脱炭素

社会への移行や持続可能な社会の実現にこれまで以上に貢献していくため TCFD 提言への賛同を表明しました（スライド 7）。

　体制面を強化しまして TCFD 提言を踏まえた気候変動に係る情報開示の充実に努めるとともに、これまで推進してまいりました社会・環境課題解決への取り組みをさらに発展させ、持続可能な社会の実現に向けて取り組んでまいりたいと考えています。

家森：

　作田理事長、どうもありがとうございました。

　ESG 地域金融促進事業はかなりの金融機関に応募していただいていまして、後でまた今井さんからもご説明いただけると思いますけれども、競争的な募集になっています。とはいえなかなか手を挙げていただけない金融機関がまだまだ多く、本当はもっと手を挙げていただく必要があろうと思っています。尼崎信用金庫様のようにトップ自ら積極的に応募していただいたというのは本当にありがたいことです。

　それでは、続きまして兵庫県信用保証協会の古川理事長にお願いしたいと思います。古川さんにもご自身のご紹介と兵庫県信用保証協会の環境面での取り組みにつきましてご紹介をお願いします。

古川：

　改めまして、兵庫県信用保証協会の古川です。どうぞよろしくお願い申し上げます。

　私は本年の 4 月に今の理事長ポストを拝命しました。その前の年は、兵庫県立大学と豊岡にあります芸術文化観光専門職大学の 2 つを傘下に持つ兵庫県公立大学法人の役員をしていました。

　今日のテーマと少し違うかもしれませんが、今、大学経営そのものも非常に厳しい時代です。神戸大学もそうだと思いますが、もちろん授業や研究が主ではありますが、今は、まさに社会貢献や外部資金の獲得などをしないとなかな

か大学経営そのものが成り立たなくなっています。

　そういう時だからこそSDGsの取り組みが重要です。今、県立大学は特に兵庫県と一緒になって水素社会の実現に向けてGXの推進に力を入れているところです。大学もそのように変わっていかないとなかなか運営ができません。

　このような大学法人の役員を経て、この4月から現ポストに着任しました。今日は私ども信用保証協会の環境面やSDGsの取り組みをご紹介させていただきたいと思います。

　信用保証協会は、信用保証業務を通じて地域が直面する環境・社会課題の解決に寄与し、地域に根差す中小企業や小規模事業者が持続的に企業活動を営むことができるよう中長期的な視点で各施策に取り組んでいるところです。

　スライド2（巻末付録203ページ以降参照）に、信用保証協会が今取り組んでいることを大きく3つ挙げています。1つ目が「信用保証を通じたSDGs達成への取組」です。一番上の中小企業・小規模事業者の皆さまへの信用保証を通じた金融の円滑化および雇用安定への貢献ですが、これは非常に大きな意味でのSDGsの達成に向けた課題です。

　その次が今回のテーマに一番絡むと思いますが、SDGsに取り組もうとする中小企業・小規模事業者の皆さまの後押しをする保証の展開です。具体的にはその下の3つ目に挙げていますが、SDGs支援保証「ステップ」の創設です。これは、兵庫県が2022年度に始めた「ひょうご産業SDGs推進宣言事業」もしくはこれと同様の県内市町の制度に登録されている企業が対象になります。この保証を受けるメリットは何かといいますと一番は保証料が平均で20％割引になるということです。また、保証期間が最長15年と長く、長期にわたって保証を受けることができます。加えて、他の保証付きの借り入れを借り換えることで資金繰りの安定を図ることもできます。

　大きくこういったメリットがあり、2022年6月に創設して1年間で37件約11億円の保証をさせていただきました。まだまだ実績としましては少ないのですが、これからこの制度を名前のように、まさに「ステップ」させて広げていきたいと思っているところです。これが1つ目です。

2つ目は「経営支援、イベントの開催を通じたSDGs達成への取組」です。今日の冒頭の家森先生のお話等を聞きますと、規模の小さな企業ではSDGs・ESGの観点がなかなか経営に活かされていない、ということでした。私どもの保証を利用するのは中小事業者の中でも特に従業員が5人以下である小規模事業者の割合が高く、何でそれをしなければいけないのか、まさに目先のことで精いっぱいだという事業者の方が多いものですから、そういう中小企業のSDGsに関わる取り組みへの啓蒙活動というのですか、啓発というのですか、意識を高めていくことが私どもとしましては非常に重要な課題かと思っています。

　その下の3つ目、「その他活動を通じたSDGs達成への取組」は、まさにウェブ会議の導入やワーク・ライフ・バランスといったことですが、私たち協会自身の取り組みも含めたことです。

　私たちは、スライドの左上にあります「中小事業者のためのSDGsのご案内」という中小事業者にSDGsの取り組みを勧める冊子を昨年策定しました。中小事業者にとってなぜSDGsが必要なのかということ、またそれに取り組むメリットは何なのか、さらに取り組みの進め方を分かりやすくまとめています。この冊子を活用してさらにSDGsへの理解を深めていきたいと考えているところです。

　中小事業者がSDGsに取り組むためのメリットは一体何なのかということですが、スライド3に示しているように、ここでは5点にまとめています。

　一番上の①「顧客・取引先との良好な関係」ですが、SDGsに取り組むことで顧客は安心して自社商品を購入でき、取引先からの信頼も得られるということです。

　右上の②「新たな事業機会の獲得」ですが、SDGsは世界共通の考えで国や業種を問わず連携が可能ということです。自社の強みが新たなビジネスを生み出す機会になることもあるということです。

　左上の「③他社との差別化」ですが、SDGsに取り組む中小企業はまだまだ少ないので、そういった中で他社との差別化ができるということです。

　右下の「④資金調達が有利に」ですが、先ほど説明しました保証「ステップ」を使うことができるという点で、SDGsに取り組む企業は金融機関からの資金

調達が有利になることがあるということです。

　最後に、左下の⑤「人材の確保」ですが、まさにワーク・ライフ・バランスを含めた労働環境の中で、勤めている方そのものの勤務環境が良くなったり、さらに今は新たに入社される方の動機の一つとしてSDGsやワーク・ライフ・バランスなどが非常に注目されているということもありますので、そういう意味で人材の確保につながるのではないかということです。

　先ほどの家森先生のご報告では省エネなど間接的にサステナビリティ経営に取り組んでいるのはまだ2割ぐらいとのことですが、私どもとしましては、小規模事業者でSDGsに取り組もうとする人たちの意識をさらに高めていきたいということで、メリットをまとめたスライド2の冊子を活用する取り組みを中心に展開しているところです。

家森：

　どうもありがとうございました。

　私の報告の中でご紹介したように、取り組んでいる効果として人材の関係をおっしゃっている中小企業の方々が多かったです。これには、2つありまして、一つは応募してもらえるという新規雇用の部分で、もう一つが、働いている方々のやりがいが上がってきて、ESGという一つの共通言語の下で社内のコミュニケーションができるようになったということです。こうした人材面の効果は私たちの結果でも重要であるとされていました。どうもありがとうございました。

　続きまして、これも私の講演の中でも申し上げましたが、地域金融機関がこれから取り組んでいく時に地域金融機関だけでは駄目で、行政と組んでいくことが不可欠であるということでした。そこで、今日は県庁からも来ていただいています。

　兵庫県の中小企業の環境面での取り組みをどのように支援されているのかということを、3月まで兵庫県の産業労働部次長を務めておられまして、現在は阪神北県民局長の宮口さんにお願いします。なお、宮口さんには神戸大学経済経営研究所の客員教授も務めていただいています。

それでは、宮口さま、どうぞよろしくお願いします。

宮口：

　自己紹介ということですが、私は今、阪神北県民局というところにいます。伊丹市、宝塚市、川西市、三田市、猪名川町の4市1町をエリアとする県の総合的な出先機関になります。昨年度までは、産業労働部で中小企業政策、また、地域金融も所管していました。その際に神戸大学と共同研究をさせていただきまして、その時に客員教授にも着任させていただいたところです。

　それでは、兵庫県の取り組みをご紹介させていただきたいのですが、兵庫県の取り組みといいましても環境面ではさまざまな取り組みをしています。今日は中小企業支援策についてクローズアップしてご紹介を差し上げたいと思います。

　先ほど来、SDGs に中小企業が取り組むメリットは何かというお話がありました。大きくは2つと捉えています。

　一つはリスクの回避です。もしこれに取り組まなかったらサプライチェーンから除外される、また投資先から除外される、さらには労働力が確保できないといったリスクを排除するということが非常に重要な問題であります。

　もう一つは、企業価値を高めることだと考えていまして、もちろん投資を呼び込むこともそうなのですが、GX や DX におきましてイノベーションを引き起こすことができる、あるいは、商品やサービスの付加価値を高めていくといったチャンスでもあります。残念ながら、先ほどご紹介いただきました中には、リスクを感じない、あるいはメリットを感じないという中小企業が多かったので、ここをしっかりと浸透させていくことが今後のわれわれの課題だと認識しています。そういった面から中小企業の SDGs につきましてわれわれは支援を行っているところです。

　スライド2（巻末付録206ページ以降参照）にグリーンボンドとあります。これは SDGs の取り組みの一環になりますが、グリーン化を推進する県の施策の財源となる地方債です。県民や投資家に県債の購入を通じて SDGs や脱炭素化の取り組みに関わっていただくというものです。

令和4年度に県として初めてグリーンボンドを発行させていただきました。10年債で100億円、20年債で100億円、延べ218件の投資表明がありました。ここには令和5年度の計画を挙げさせていただいていますけれども、5年度も県単独債を引き続き発行させていただきます。

　①ですけれども、5年満期債で100億円、10年債で100億円、詳細につきましては6月以降に発表させていただくということになります。ただ、こちらの分は、一番下の欄にありますけれども、購入対象者は法人投資家に限ります。1,000万円以上になります。

　ここまでは去年の事業の継続です。今年度から新たに取り組むものとしまして、右側の②ですけれども、道府県との共同発行ということで、これは総務省で予定しています共同債1,000億円のうち兵庫県は20億円で参加しようというものです。

　それから、③はグリーンボンドとしましては全国初の取り組みになります。県内市町と共同して個人向けの債券を発行します。県内市町はここに記載している15団体であります。20億円を予定していまして、これは個人向けに5万円から最大500万円までの発行になります。夏以降の発表になります。

　こういったことを通じまして、県民、それから投資家に積極的に関わっていただくということに取り組んでまいりたいと思います。

　スライド3は、何に活用されるかを示したものです。上に示していますとおり、再エネ化、LEDや太陽光発電設備を導入するということがあります。また、真ん中辺ですが、「気候変動への適応」ということで河川改修や治山対策にも活用していきます。そして、下のほうに示したように、森林整備、間伐なども実行していきます。

　特徴的なものが一番下の欄なのです。国の特別天然記念物のコウノトリが餌を捕りやすい水辺環境を整備するということにも使っていきます。

　あくまで地方債ですので基本的にはハード整備に活用することになります。

　県民、投資家としましては、こういった投資に参画することにより、持続可能な地域づくりに賛同・応援しているという意思を表明できます。また、こう

いった GX に取り組む姿勢の PR にもなるので積極的に参画してほしいと考えているところです。

　スライド 4 がひょうご産業 SDGs 認証事業です。先ほど来、お話がありました宣言事業を去年から実施しています。現在、391 社に登録していただいているという状況なのですが、これをさらに認証制度まで引き上げたいと考えています。宣言企業の中から一定の要件を満たすものを認証していくことになります。認証目標は 3 年で 800 社になります。

　そして、この特徴は、一回、認証を受けたらそれでおしまいというのではなく、ステップアップする仕組みだということです。引き続き取り組みを進めていただくというようなインセンティブにしたいと考えていまして、スタンダードからアドバンスト、最終的にはゴールドというステージになります。認証区分としましてはチェックシートで項目数が増えていくたびにステージが上がるということになります。

　そして、見ていただきたいのが認証企業へのインセンティブの部分です。認証を受けたということで県が積極的にホームページ等に掲載させていただくということ、あるいは、ロゴマークを使っていただくということももちろんあるのですけれども、先ほど保証協会からお話もありましたが、融資を受ける際の保証料の軽減も調整させていただきたいと思いますし、金融機関の融資制度と連携して何らかのメリットが得られるような仕掛けづくりも検討しています。

　また、新卒の学生など労働力の確保に向けましては合同企業説明会等に出展していただけるという特典も設けていきたいと思っています。第 1 回の募集は 6 月以降になりますが、年 3 回の募集をやっていきたいと考えています。

　スライド 5 は地場産業に対する支援になります。地場産業もコロナ禍でかなり疲弊している状況にあります。しかしながら、しっかりとブランド価値を高めて地場産業の魅力の向上を図っていくという取り組みもしています。これは補助事業になるのですが、産地組合には、SDGs の計画、人材育成、商品開発等の実践、あるいは発信、プロモーション等を対象に令和 6 年度まで年度当たり定額 300 万円の補助を行います。

そして、本年度新たに追加した部分が産地組合ではなく産地企業に直接補助する制度です。向かって右側になりますけれども、SDGsの実践支援、商品開発等を支援するものです。これは単年度事業ですが、補助率2分の1で上限200万円の支援を展開していきます。

　具体的に今取り組まれている事業としましては（スライド6）、例えば、豊岡かばんやケミカルシューズで、海洋汚染の要因となっている廃漁網を活用して新たな商品を製作し販売するいわゆるアップサイクルといった展開をしっかりと支援して商品価値を高める取り組みを進めています。

家森：

　宮口さん、どうもありがとうございました。兵庫県もいろいろな取り組みをされているということで、後ほどまたディスカッションをさせていただきたいと思います。

　続きまして、当然、国のレベルの支援も重要なことでありまして、今日も既に環境省のいろいろな事業につきまして、竹ケ原さんや私から少しお話しさせていただいています。

　今日は、環境省大臣官房環境経済課環境金融推進室長の今井さんに東京からお越しいただいています。ここまで、兵庫県の中小企業や金融における取組をご紹介いただいたのですが、今井さんには、自己紹介を交えながら、全国の取組を見ておられる観点から、兵庫県での取組についての感想や、環境省における中小企業に関連する最近の支援の状況についてご紹介をお願いします。

今井：

　ありがとうございます。

　環境省の環境経済課で環境金融推進室の室長をやっております今井と申します。どうぞよろしくお願いします。

　本日、改めましてこのような場にお招きいただきまして誠にありがとうございます。まず、私だけが地域でも金融でもなく環境省という立場で、このよう

なところに呼んでいただいている背景と申しますか、私なりの理解を自己紹介も兼ねてお話しさせていただければと思います。

　先ほど来、竹ケ原さん、家森先生、作田理事長をはじめ、弊省のやっております ESG 地域金融の支援事業につきまして、縷々ご紹介いただき、過分なるお引き立てを頂きまして大変恐縮です。我々の事業をこのような形でお使いいただいて、いろいろなきっかけにしていただいていることを本当にありがたく思っております。

　環境省としては、こうやって手を挙げていただいている金融機関の皆さまに教えていただいているというのが本当のところかなと思っておりますが、その中でも、われわれとしまして、考えるきっかけといいますか、将来、もしかしたらこうなるかもしれない、その時にどうするか、皆さんが今やっていらっしゃることは実はこういうふうに見えるのではないかということを一緒に考えられることが本当にありがたいと思っております。

　環境省という役所は公害問題から始まったわけなのですけれども、その後、グローバルな地球環境問題、オゾン層の問題や地球温暖化の問題などが出てきました。その間に実は廃棄物の問題などもあったのですが、2010 年ぐらいかなと思うのですけれども、こういう問題を本当に国内でやっていかなければいけないと思った時に、誰と一緒にやっていこうかという時にまずわれわれの目線の先に自治体さんがいました。

　今日は兵庫県庁さんからもお越しいただいていますけれども、公害の問題や廃棄物の問題はまさに皆さまの地域を取り巻く環境の問題で、これをやっていらっしゃるのは実際には自治体さんです。むしろ自治体さんのほうが環境省や環境庁の後押しをして規制を作り、しっかりと取り締まりをして一緒にやってきたという歴史がありました。

　もともと環境省は地方の手足をあまり持たず自治体の方々と一緒にやっています。そういうふうに過ごしてきたところで、グローバルの環境問題はなかなか自治体さんだけの手には余るところがありました。

　そんなとき、ふと地域を見渡した時に同じような観点で地域を見ていらっし

ゃる方が実はいまして、それが金融機関の皆さんでした。時を同じくして、グローバルでも先ほど竹ケ原さんからお話がありましたようにリーマンショックで反省した欧米の投資家から、これまで見えていなかったものを見ていかなければいけないというお話が出てきました。そういうお話と地域金融の皆さまがずっと見つめてきたものが実は重なり合うのではないかというふうになってきたのが多分2015年や2016年以降の話なのかなと思います。

　実は環境省としても、地域の経済、社会、日々のなりわいの中に、環境やサステナビリティなどを入れ込んでいかなければいけないという思いを持っていたところに、同じような問題意識を持っている方がいまして、そこは一緒に頑張ろうというふうになってきたのがこの地域金融機関の支援事業の起こりかなと思います。

　そういう中で、今、まさに皆さんのご協力を得て地域なり中小企業の皆さまの取り組みをどう促進するかということを考えています。今日のテーマは中小企業ということで、われわれも中小企業はすごく大事だと思います。なぜなら、本当に国内でサステナビリティを追求しようとした時に、一番難しいところ、本当に最後にやらなければいけなくなるのは、生活者の皆さんと、まさに中小企業の皆さんだからです。

　政府全体としましては、グリーンをてこに成長戦略を描いていこう、構造転換を進めていこうということで、経産省さんを中心にエネルギーセクターや大きな企業さんなどの転換を進めていこうということはあるのですが、その企業さんもエネルギー企業もどういうところから調達して誰に売っているかといいますと、結局、市井の皆さまであり、中小企業さんなのです。

　その方々がこの脱炭素化の流れの中でしっかり動いていかないと、本当の意味での国内の転換は進みませんし、脱炭素やサステナビリティも実現できません。

　特に、サステナビリティといいますとすごく幅広いですし、実際にはいろいろな問題がつながっています。こと脱炭素に関しましては、科学的に大きな結論や方向性が見えていまして、国際的な合意があり、これに対して大きな投資が必要であって動かしていく政府方針も固まっています。

この中で、まさに家森先生のお話にもありましたけれども、2050年なりを見据えてやっていくという非常に分かりやすいものですので、ある意味、サステナビリティに関する一つのテストケース、スタディを得るものとしてもしっかり脱炭素に取り組んでいくのは大事だと思っています。

　ただ、中小企業の方々にお話しに行って「脱炭素をやりたい、設備投資をすぐやりたい、再エネもどんどん買いたい」となっているかといいますと、そのようなことはもちろんないわけです。

　これは家森先生の調査結果にも如実に表れていると思います。皆さんが認識していまして、やっていかなければいけないことはなんとなくうっすら理解しているけれども、どうするかというところになりますとなかなか手が動かない、というところかと思います。

　設備投資になりますとお金もかかりますし、初期投資も含めてある程度の判断が必要で、いろいろな補助を使うにしても頭も手も使わなければいけないということになります。

　中小企業としては、脱炭素以外にもいろいろな経営課題があって、それをやりながらということになりますので、われわれとしましては、カーボンニュートラルのためにあなたたちは全部これをやらなければいけないということではなく、カーボンニュートラルをやりつつ、これによって他の課題も含めて解決していくのだということを言っています。このようないいこともある、こういうことをやるとこう進むということをしっかり具体的に言いながらやらなければいけないと思っています。

　その辺りは、スライド1ページ（巻末付録194ページ以降参照）をご覧いただきますと、何でやるのかというところですね。

　現場営業という意味でいいますと、中小企業の社長さんなどにお話しする時に何をやるかということをまず言う前に、何でやらなければいけないのか、どういうことなのかということを理解してもらうことが大事です。カーボンニュートラルは世の中の大きな変化で、これは中小企業にも実際に影響が出てくるということ、逆に言うと、ポジティブな意味もあるというところをこの時にし

っかりお伝えするということです。できるだけ簡便な言葉で、グローバルな金融が動き、大企業が動き、それが国内に大きく波及し、全体が動いていくという話をさせていただいています。

その上で、スライド2ページ目ですが、これにはメリットがあるということです。

もちろん、今は光熱費や燃料費などが実は一番分かりやすいかなと思います。しかし、会社として何を目指していくのか。これは本当は脱炭素だけではなくて、他の分野、例えば、人の話、従業員をどう大切にするかということなどの意味も含めるともっと幅広くなると思います。会社としてはこういうことを目指していく、こういうことを実現していく会社だということを示していくこと自体、人材の確保の意味でも資金調達の意味でも大事なことだと思います。

その上で何をするのかということを3ページ目に書いています。

ここは2段階で書いてあるのですが、実はここまで言った話がステップ0のようなもので、それが「知る」ということです。何でやらなければいけないのか、何が起こるのか、どういうことなのかを知るということです。ステップ1が見える化の「測る」で、ステップ2が「減らす」です。

日本商工会議所さんは、「知る」「測る」「減らす」というわかりやすい言い方をされています。そのステップに応じて順次やっていくということです。

できるだけこれをストーリーとして分かりやすくお伝えしまして、実際の対策は個々に見ていかないといけませんし、それは金融機関さんなどとご協力してやっていただくのですけれども、そのまず第一歩ということです。

これを全国の中小企業さんを一軒ずつわれわれが訪問してお話しできればいいのですが、なかなかそういうことは難しいですし、われわれ自身が事情を知っているわけではないということで、地域の金融機関さんや商工会議所さんなど、日々のなりわいの中で営業にしっかりと関与していただいている皆さまにご協力いただいて、これを進めていくための支援をやっていくというのが今の環境省の状況です。

家森：

　どうもありがとうございました。

　それでは、続きまして、やはり全国的な動向に詳しい竹ケ原さまにもここまで聞いていただいた兵庫県の取り組みへの感想やアドバイス、あるいは今後の兵庫県の取り組みにおいて参考になる他所での取り組みなどにつきましてご紹介をお願いします。

竹ケ原：

　ありがとうございます。大変、勉強になりました。

　地域 ESG 金融に取り組んだ際の議論をご紹介しますと、ゴールとしては、地域に埋没しているといいますか、しかと認識されていない資源を特定し、最終的には金融の力を使ってマネタイズしていくということです。ただ、言うはやすしで、そのゴールにたどり着くには様々な方法がありますので、ガイダンスでは、わかりやすさを考えて 3 つの入口を設定しています。

　1 つ目は最も理想的な形でして、金融機関と自治体、アカデミア、産業界の方々が目線を一つに合わせて、自らの地域の強みは何だろうかという議論をして、これを特定して形にしていくということです。これは教科書的に理想的なアプローチですが、むしろレアケースです。

　2 つ目は、金融機関として融資残高が大きい、その地域の基幹産業への対応から始める方法です。

　例えば、過去の例ですと、北陸地域の銀行が基幹産業であるアルミ加工に着目しました。アルミ産業は国内では新地金は作られていませんが、それでもエネルギー多消費産業の一つです。このまま脱炭素化の流れが進んでいった時に、裾野産業も含めて事業継続にどんなリスクがあるのか、そうしたリスクを見据えて、取引先企業にどのような提案が可能か、という問題意識でした。この話は、いずれそこに電力を供給するエネルギーにも展開していくことになると思われますが、いずれにしても残高の大きい重要取引先の戦略が契機になる分、金融機関としても「自分ゴト」化しやすい面があると思います。

最後は、各金融機関の現場サイドで担当者が汗水流して見つけてきた案件から入るものです。これを一つの「良い案件」で終えることなく、本部が適切に関与することで、意義づけして組織知にまで高めていくという展開です。

　どこから入ってもいいのですが、最後は、バージョン１といいますか、自治体や金融機関やアカデミア、産業界がきちんと議論してやっていくプラットフォームをつくれるといいよねというのがESG地域金融ガイダンスの一応のゴールになっています。その観点で、これまでお話を聞いていまして、素直な感想は、兵庫県はすごいな、というものです。

　あましんの作田理事長が、先ほど来、一貫して強調しておられるのが伴走支援です。それも業種ごとの特性を踏まえた伴走支援が必要だと指摘されています。

　まさに事業性評価を通して機会、オポチュニティーを見いだすのだというメッセージがすごく伝わってきました。また、古川理事長のお話にありました、県の登録制度と組み合わせたステップという保証の支援制度なども間違いなく事業性評価に立脚した取り組みですし、宮口さんのお話にもあった認証制度も、補助金も含めてステップアップしていくインセンティブを付けていくということで、これも事業性を明らかに意識していらっしゃいます。

　直接的な金融の資金の出し手、そして、保証まで入れますと本当に裾野が広がりますし、こういうパーツをこの場で皆さんが集まって議論されているということは、地域ESG金融が理想とするプラットフォームそのものではないかということで、ある意味でジャズのセッションか何かのような感覚で、今、お聞きしていまして感動しました。

家森：

　どうもありがとうございました。

　地域のリソースをいかに集めてくるかということは重要なポイントです。地域にいろいろいいものがあるのですが、それをいい方向に集めていくためには、誰かがプラットフォームをつくる必要があるという議論があります。今、竹ケ

原さんに解釈していただいたように、少しずつ兵庫県でプラットフォームの構築が進んでいると理解できました。大変ありがとうございました。

ここまでお話を聞きまして、既に兵庫県内で中小企業の環境面での取り組みに対する支援が展開されていることは事実です。しかし、私が基調講演の中で申し上げましたように、ここまではお客さまのほうが結構意識が高い方々であったということだと思います。

ここからが難所でありまして、これからはEへの対応の重要性に気が付いていないような企業の方々や独力では難しいという方々にこれに取り組んでもらわないと CO_2 の削減は実際にはできていかないということになってきます。中小企業の方の取り組みの裾野を広げていくためのさらなる努力を応援していくために、今日、お集まりの支援機関として皆さんそれぞれのお考えをご披露いただきたいと思います。

それでは、まず、作田理事長からお願いします。

作田：

ありがとうございます。

今、いろいろとお話をお伺いしまして、今井さんからのお話でメリット・デメリットのようなお話もありました。私も全く同感するところです。

今、既にわれわれが取り組んでいるところで、それに対して行動に移していただいているところは家森教授からお話のありましたように既に問題意識を共有していただいているということであります。ここはまさにわれわれが伴走支援をしてその取り組みのスピードを上げていくということになります。まだなかなか自分たちの企業で何から手を出したらいいのかと思っておられる企業さんも大変多くあります。

実は、そういったお取引先のほうがわれわれの取引先の中ではウエート的には高いのかなというところであります。まさにここがわれわれ中小企業金融に特化した金融機関の一つの特徴なのかもしれません。

そうしたお取引先に対するアプローチということで何をやっていくのかとい

うことになります。これは地道な活動に尽きるということになるかもしれません。確かにお取引先である中小・小規模事業者の皆さまに当事者として環境への対応の重要性を認識していただくということになるのかなと思います。

　まさにこれがスタートラインだと思っています。自分のところで取り組みを行わないことに対するリスクや他社に先んじて自分たちが取り組むことによるメリットをいかにお取引先にしっかりとお伝えしていくかということだと思います。

　当金庫のお取引先が全社的に環境問題に対してコンセンサスを得て具体的な取り組みを進めていけるような支援をわれわれがしっかりと行っていくということになるのかなと思います。

　そのための手段としまして、先ほど私どもの田中から説明を申し上げましたけれども、ESG 要素を考慮したローカルベンチマーク、あるいは、ESG 事業性評価シートの活用を通じまして、具体的なリスクや新たな取り組みの機会、チャンスを把握した上で将来のビジョンを私どもが共有して、それを確認した上でいろいろなソリューションの提案を行っていくことが必要なのかなと思います。

　先ほどのお話の中にも少しありましたけれども、ESG に係るリスクをいかに回避するのか、そして、新しいチャンスをいかにつくっていくのかといったことにつながる取り組みを当金庫としてしっかりと評価し、そして、金融面の支援と本業の伴走支援を組み合わせることでお取引先の持続可能性が向上していくということです。そういう取り組みにつながるものだと考えています。

　お取引先の環境経営を支援する取り組みとしまして、当金庫も 2022 年 7 月からあましん SDGs パッケージの取り扱いをしていまして、外部機関と連携しながらお取引先の SDGs 宣言の策定をしています。当金庫は、SDGs 宣言の策定を通じまして、目標の設定からその後の対応策の実行、それから、目標達成までの伴走支援を並行して行っているところであります。

　今後、環境改善に取り組むお取引先の各種課題に対応したこうしたソリューションをさらに整備してお取引先の環境改善に対する取り組みをさらに強化し

ていきたいと考えています。

家森：

　どうもありがとうございました。

　今、理事長からありましたけれども、取引先企業を応援していく時に、社内体制をしっかりと構築していき、社内のコンセンサスを得るということは恐らくこれからは大変になってきます。

　今まではやりたいという社長がいて、そのリーダーシップで行っていたのですが、仮に社長を説得してもあとの人たちが動いてくれない時に社内をどうやって説得していくか。そういう時に、取引先の金融機関から言われている、県庁も言っている、国からも言って来ている、われわれ大学やメディアもこのように言っているというように、いろいろなところから社内の抵抗勢力の人たちに理解してもらえるように関わっていくことが大事かなと思いながら聞きました。どうもありがとうございました。

　古川理事長、いかがでしょうか。

古川：

　家森教授から中小企業の方の取り組みの裾野を広げるためにさらなる努力が必要というお話がありました。まさに今まだ重要性に気付いていない方、独力では難しく、なかなか取り組めないという方に取り組んでもらわないと前に進んでいかないという状況であるのは確かだと思います。

　先ほど申しましたとおり、私どもの取引先は小規模事業者が大半ですから、そういう意味では、私どもがまさにその必要性やメリットをいかに伝えていくかということが非常に重要です。先ほどの「中小企業者のためのSDGsのご案内」という冊子を活用しながらより啓発を進めていく必要があります。

　それとともに、今、意識の高い企業が取り組んでいる事業や好事例を紹介することにより理解を深めてもらうことができるかもしれないので、今日は環境問題に真正面から取り組む事業者のうち、創業間もないベンチャー企業と創業

100年を超える伝統的な地場産業の2社の取り組みを紹介させていただきたいと思います。

　まず、スライド4に挙がっていますのが、レラテック株式会社という企業です。風力発電にかかる風況観測、数値シミュレーション、データ解析といった風力発電を行う民間企業に対するコンサルティング業務を行う企業でありまして、神戸大学発の研究開発型のベンチャー企業です。

　再生可能エネルギーとして風力発電が期待されているところですけれども、民間企業の風力発電事業をサポートする専門家がなかなかいないというところに目を付けられ自ら起業し、環境問題の解決に取り組んでおられます。

　私どもとしましては、この事業者に対しまして兵庫県の融資制度である新規開業貸付を、経営者保証免除でご利用いただいています。

　次にスライド5でご紹介します企業は先ほど言いました豊岡の企業です。まさに地場産業ですね。豊岡の地で創業100年を超える老舗のかばんメーカーの株式会社ウノフクという会社で、回収されたペットボトル容器を洗浄・粉砕し、紡績糸にして作った再生繊維である環境負荷配慮素材で製品を製造することにより海洋汚染の原因である廃棄プラスチックの削減やCO_2排出の抑制に取り組んでおられます。この企業は、先ほど説明しました兵庫県の事業のひょうご産業SDGs推進宣言をされましたので、私どものSDGs支援保証「ステップ」をご利用していただきました。

　このようにスタートアップの企業から100年経つ老舗の企業まで環境問題の課題解決に取り組んでいる県下の事業者の方々を積極的に支援しているところです。私どもは「保証時報」という広報紙を毎月発行していますが、そこでもこういった好事例を紹介することでまだまだそういう認識がない方の意識を高めていければと思っている次第です。

　また、先ほど宮口さんからひょうご産業SDGs認証事業を今年度から展開するという話がありましたが、私どももこの事業とタイアップして、認証事業の対象者に対する新たなSDGs型社債保証制度の創設を今検討しているところです。このような事業者と共に持続可能な地域社会の構築をこれからも目指して

いきたいと思います。

家森：

　どうもありがとうございました。

　それでは、宮口さん、兵庫県として特に中小企業分野でのSDGs推進の今後の取り組みの状況等をご説明いただきたいと思います。

宮口：

　先ほどまだまだ意識の低い中小企業をどう支援していくのかということでご指摘を頂いたのですけれども、まずはしっかりと認証制度を普及させていくのが第1段階だと思っていまして、そのためのサポート、人材派遣やセミナーであったり、そして、そこに人を呼び込んでいく産学官で構成するプラットフォームをつくっていくことが非常に重要だと思っています。また、リスクやメリットをしっかりと実感してもらい、さらに中小企業を呼び込む仕掛けづくりにも兵庫県としては取り組んでいく必要があると考えています。

　スライド8をご覧下さい。そういった中で一つご紹介させていただきたいのがGX推進法です。環境省の今井室長の前で私がこのことを話すのは僭越ではありますが、今、こうした機運になっているということを中小企業の方々にも理解していただく必要があります。

　この法律は5月12日に成立したばかりです。四角の中にこの「背景・法律の概要」を示しています。わが国でも2050年カーボンニュートラルの実現という随分ハードルの高い国際公約を掲げました。そのような中で産業競争力強化と経済成長を同時に実現していくという課題を解決するためには、今後10年間で150兆円を超える官民投資が必要だということです。

　つまり、そのために脱炭素化に向けた技術開発、設備投資を図っていくために、GX経済移行債を発行するということです。この移行債は令和5年度から10年間で20兆円分を発行していきます。かなりの規模の投資を行うことになります。

この財源とするものが化石燃料賦課金であり、特定事業負担金です。これを償還財源にして、前倒しでこの財源を当てにして投資を行っていくということ、そして、150兆円を呼び込んでいくという、ある意味で大きなビジネスチャンスとも言える状況であるということを中小企業の方にも理解してほしいです。

　そのためにカーボンプライシングをやっていく。要は炭素の排出に値付けをすることなのです。①に示していますとおり、それを基に炭素に対する賦課金を導入します。これが令和10年からですけれども、化石燃料の輸入事業者に対しましてCO$_2$の量に応じた賦課金を徴収します。

　そして、②は令和15年度からになりますが、発電事業者に対してCO$_2$の排出量の枠を割り当てまして、それに応じて負担金を徴収します。この財源を見込んで起債していくことになります。

　さらに、この仕掛けとしましてなるべく早く取り組む程、負担が軽く済むというインセンティブを講じていきます。これはカーボンニュートラルをテーマにした壮大な成長戦略だと中小企業の方には捉えていただく必要があるのではないかということで紹介させていただきました。

　スライド9は、将来に向けての兵庫県の取り組みです。投資が促進していけば省エネ化や再エネ化はもちろん進みますし、水素やアンモニアといったエネルギーの導入、さらには蓄電池産業も活性化する可能性があります。次世代モビリティも今後発展し、脱炭素化の取り組みが加速していきます。そのためには、SDGsに関する県民の理解や協働が絶対に必要となります。

　そこで、兵庫県内の企業や自治体、団体、多様な主体がオール兵庫で地域の課題の解決に取り組むプラットフォームが要ることになります。それがSDGs Hubになってくるわけなのですけれども、昨年度から実施していまして、既に192団体がSDGs Hubに入っています。

　昨年、SDGs WEEKを実施しまして兵庫県庁を挙げてSDGsの施策を集中的に行ってきたのですけれども、今年も10月23日から29日の期間に市町や民間団体も含めてオール兵庫で、シンポジウムをはじめ様々なイベントが行われると思います。この期間に積極的なアピールを行っていきたいと思います。

さらに、今後のいろいろな主体を呼び込む仕掛けづくりの部分についてです。真ん中の水素社会の実現というところですが、まず左側に都市別の製造品出荷額をグラフで掲示しています。播磨臨海地域は製造出荷額が全国第2位という一大工業地域になっています。ここでは化学、鉄鋼、発電等も行われているところです。水素エネルギーを大量に使う工業が立地していることになります。

　さらに、その右側に「播磨臨海地域のポテンシャル」と書いていますが、姫路港は大阪湾だけではなく、瀬戸内海との結節点にもなるということです。さらに大型タンカーが接岸できる港湾地域です。ここは水素の一大サプライチェーンの拠点になる可能性を秘めているということで、2050年には571万トンの水素が利用されるという試算も行っているところです。

　今、姫路港を中心とする播磨臨海地域では水素社会の先進地を目指してCNP（カーボンニュートラルポート）推進協議会という組織体制を整備し、産学官が一緒に連携して取り組みを進めています。県としましては様々な研究開発プロジェクトにも補助をしています。

　さらに、下の欄に「水素ステーションの整備」と書いています。モビリティに関しましてもインフラ整備をしっかりとバックアップしています。これは補助事業になるのですけれども、水素ステーションの整備あるいはFCバス等の導入に補助金を交付しています。

　さらに、一番下の部分です。脱炭素社会の実現と地域経済の活性化の両立に向けた取り組みについてです。温室効果ガスをいかにして排出削減していくかということで、二酸化炭素の吸収量を増加、または排出量を削減する取り組みにつきまして、J‐クレジットという新たなクレジット制度を活用した取り組みも支援していこうとしています。

　さらに、エネルギー転換に向け、太陽エネルギーの活用、その他自然再生のエネルギー等の導入につきましても県としてしっかりとサポートしていこうというものです。

　今後、10年間で150兆円の投資という潮流をしっかり捉えて脱炭素の取り組みをイノベーションの創出に結び付けていただくという観点から中小企業を

しっかりと支援し、できるだけこういったプラットフォームにも参加してもら
う機運を醸成していきたいと考えています。

家森：

　どうもありがとうございました。

　今井さんには、環境省としましてもさまざまな支援策を実施されていますが、
本日は地域金融との関係で中小企業の取り組みの裾野を広げていくための政策
的な取り組みをご紹介いただけますでしょうか。よろしくお願いします。

今井：

　ありがとうございます。

　今、宮口さまから国の施策をご紹介していただきまして、ありがとうござい
ます。

　まさに GX ということで大きな投資を動かしていく必要があります。150 兆
円というのは大きな額ですが、恐らく必要となる額です。ただ、官民でという
ことですので、そのうち、約 20 兆円分をしっかりと国としても投資して、取
り組みを進めていくこととしています。

　今日のテーマの中で、先ほど中小企業さんは動きつつあるものの、これから
まさになかなか難しいところに来ているというお話もありました。そうした中
で、まず一つは、国としてもまさに本腰を入れて投資を動かし、大きなお金を
出していくということが既に動き始めています。20 兆円の投資については今
年度から既に一部予算化しています。もちろん大きな企業さんがまず大きなも
のを動かしていくというところはありますが、それが経済全体に大きな変化を
起こしていくことは間違いないと思います。

　それに加えまして、今年から来年にかけての大きな変化と思っていますのは、
サステナビリティ開示がついに導入されることです。

　内閣府令が改正され、いわゆる有価証券報告書の中にサステナビリティ開示
の記載欄ができていまして、これと同時に国際的なサステナビリティの開示の

基準が今年の6月には最終化して来年からは適用可能な形になるということで、恐らくグローバルトップの企業さんはそういったものの開示を来年ぐらいから始めるのかなという見込みがあります。

この中で、いわゆるScope3、サプライチェーン全体の排出量の算定が基本的にはデフォルトで入ってくることになります。アメリカやヨーロッパでも同様の規制が入ってくることが見込まれており、来年以降、大きな企業さんから順に、法定開示の一部のようなところで、Scope3、サプライチェーン全体の排出量を把握してそれを減らしていくということをやっていく流れができるのではないかと思っています。

地域の中小企業の方々にすぐに何らかの形で影響するかどうかということはまだ分からないところはありますが、いよいよそうしたサプライチェーン全体での脱炭素化の取り組みが本格化していくという流れも今年から来年にかけてあるのかなと思っています。

そうした状況の中で、スライド4に示したように、環境省としては、中小企業の皆さまや地域の企業の皆さまにうまくこれを取り組んでいただくため、先ほど申し上げました「知る」「測る」「減らす」の3段階のそれぞれにつきまして施策を打っています。

施策の中には、環境省単独でやっているものももちろんありますが、経産省さんと連携してやっている部分が多分にあります。施策を共有しながら、もしくは、地域の経産局さんなどと地方環境事務所で連携しながらやらせていただいているものがほとんどだと思っていただければと思います。

例えば、スライド5に載せていますのは、中小企業のカーボンニュートラルの支援策ということで、主に中小企業の皆さまが使う補助金や支援策につきまして一冊にまとめたものです。

用途別などに分類しており、表紙の上に経産省のマークと環境省のマークが並んでいますが、両方の施策がまとめて載っているということで、特に金融機関の皆さまからしますと、このような設備投資に使える支援は何だろうという時に一旦見ていただいて、必要があれば地方環境事務所なりにお問い合わせい

ただくという形で使っていただけないかなと思っています。

　スライド6は、ハンドブックという形で中小企業さんを含めて脱炭素経営を
やる時にどうしたらいいかという考え方をまとめています。一番上は中小企業
さん向けの脱炭素経営のハンドブックということでまとめさせていただいてい
ます。

　実は、環境省の近畿地方環境事務所でも、近畿経産局さんと一緒に脱炭素に
関して分かりやすいパンフレットを作っています。ホームページに載せて皆さ
んが使えるようにしていますので、どのようなものかなと思った時にまずこれ
を見てみていただけますとイメージがつかめるかなと思っています。

　スライド7をご覧下さい。今日、皆さまからお話がありましたように、地域
の中でもいろいろな施策をやっていただいていまして、そこをさらにいろいろ
な側面から後押ししようということで幾つか取組を載せています。

　主に今年度から力を入れていくものとして、まず一つ目には左下の地域ぐる
みでの支援体制構築です。まさに今日集まっていただいているように、いろい
ろな組織・機関がこの問題に取り組んでいこう、これをビジネスチャンスとし
て捉えていこうという動きがあります。この力を糾合する場なり形をつくって
いくことが環境省としては大事だと思っていますし、ある意味、われわれはそ
の接着剤になっていきたいと思っています。

　そういう観点で、地域の関係主体の皆さまと一緒にプラットフォームをつく
り、地域の企業の方々をどう支援できるかという形をつくっていくということ
で、今年度、このモデルをつくるための事業をやっています。

　今年度に、全国で幾つか採択させていただきまして、一からつくるものもあ
ると思いますけれども、既に地域の中でいろいろ構築されているものをモデル
としてしっかり取り上げて発信させていただければと思っています。

　スライド7の右上は、サプライチェーンを通じて、上場企業さんからいろい
ろな形で要請なりお願いなり協力依頼が出てくると思いますので、そういった
ものをネットワークの中で後押ししていくということを書かせていただいてい
ます。

企業さんにより取り組みの違いが結構ありまして、特に自動車業界などはかなり目前に迫るものとしてやっていらっしゃるようですけれども、自動車業界の中でもいろいろな動きがそれぞれありますし、それ以外のところまで見ていきますと、本当のグローバルトップの皆さまはもうやっていますけれども、大企業とはいえ、グローバルトップというよりは、国内を中心に頑張っていらっしゃるところなどですとそこまでサプライチェーンに向けた取り組みもなかなかない状況です。これから上場企業の皆さまが開示しなければいけなくなってくるということで、まさに取り組みが始まっていくと思います。その辺のお手伝いも環境省としてはやらせていただきたいと思っています。

　人材育成というお話も途中にありました。そういう意味で、資格制度の後押しができないかということをやっています。これは、環境省で国家資格をつくるというわけではなく、既に民間で中小企業の方に脱炭素に関するアドバイスをしていく能力に関して資格をつくっていらっしゃるところに対し、こういう中身があったらいいのではないか、こういう方法で試験していただいたらいいのではないかということで、一定のガイドラインを作って、環境省である意味お墨付きを付けるということを考えていまして、実はこのガイドラインにつきまして3月に環境省で策定して公表しています。

　そのガイドラインに適合するものとして申請いただいたものの認定をこれから今年の夏以降に始めていきたいと思っています。こうした資格を取ることを一つのきっかけに人材育成や知見の共有もしていただけますといいのかなと思っています。

　スライド8をご覧下さい。去年、尼崎信用金庫さんにもご参加いただきまして、われわれのほうで地域金融の取り組みを幅広く支援する事業をやらせていただいています。毎年、8件ぐらい採らせていただいていまして、それぞれの取り組みをお手伝いしています。

　脱炭素関係も半分ぐらいありますが、尼崎信用金庫さんもそうですけれども、SDGs全体も含めて支援させていただいておりまして、今年は地域への資源循環や自然資本の活用といったものも含めて、幅広い取り組みを採択できればと

思っています。

　最後は、スライド9は、環境省としても地域の中できちんとやらなければということで、各地方の環境事務所で取り組みを進めさせていただいています。この事務所の中に、地域脱炭素創生室という名前を付けさせていただきまして、近畿に関しては大阪に事務所がありますので、いろいろと協力させていただいています。地域の中でハブになって、われわれは脱炭素なりサステナビリティのためであればどの組織とも協力していこうと思っていますので、われわれに言っていただければどこにでもつながるという形でやらせていただければと思っています。

家森：

　どうもありがとうございました。

　次に、竹ケ原さんにも同じようにお尋ねしたいと思います。金融機関はいろいろな取り組みをしていますけれども、どのような点に注意していったらよいかという点などをお話しいただければと思います。

竹ケ原：

　ありがとうございます。

　おそらく、もう既に答えは出ていると思うのですけれども、先ほども申し上げましたように、マイナスをゼロにする、リスクを低減するということで入ってしまいますと、本業と関係なく、やらされ感が満載になって何で俺がやらなければいけないのかという話になってきます。

　家森先生のお話にありましたが、意識の高いグループは既に着手しているということです。多分、こういう方々は、マイナスをゼロに近接させるというのではなく、プラスになるということが分かっていらっしゃる方だと思うのですけれども、そうしますと、再三、皆さんがおっしゃっていますとおり、自分事にするためにはリスクの低減であると同時に成長機会だということをきちんと理解してもらうということに尽きると思うのですね。既に好事例を共有されて

いたり、先ほどの SDGs Hub のようなプラットフォームがつくられるという機会になっていますけれども、ここで死活的に重要なのが金融の役割だろうと思います。

先ほどの作田理事長のお話の中でも SDGs パッケージの中で目標を設定させることが目的ではなくて、設定した後にそれをどう実現するかという伴走支援だということでした。多分、CO_2 も一緒で、今、CO_2 の見える化がブームになっていまして、とにかく測ろう、見える化をしようというのはいいのですけれども、見える化した後にどうするかという絵をきちんと描けている金融機関とそうでない金融機関がはっきり分かれます。

見える化だけを推奨する金融機関ですと、多分、やらされ感の話になってしまうわけですけれども、見える化した後にどうするかというところだと思うのですね。今日はこの場の皆さんにはそれは言う必要もない話で、次を見据えた手をもう打っていらっしゃいますから、金融として考えなければいけないのは見える化ブームで満足して終わらないということに尽きるかなと思います。

家森：

どうもありがとうございました。

本当はここで司会者が一通りまとめるのですが、時計を見ていただきますともうそろそろ終わらないといけないような時間になりつつあります。少しだけ予定を超過することになるかもしれませんが、お許しいただきたいと思います。

ちょっと延長する部分で、最後に皆さん方から、地域の持続的発展を実現するために、金融機関に向けてでも、あるいは、企業の方に向けてでも結構ですので、それぞれの立場から一言ずつメッセージを頂こうと思います。

それでは、まず作田理事長からお願いします。

作田：

ありがとうございます。

今回のテーマも含めまして、日頃、いろいろと取り組みをする中で強く感じ

ていますのは、ESG をはじめとするサステナビリティ経営への取り組みは短期的な効果が非常に見えにくいこともありまして、単なるコストの増加要因と捉えられがちだということです。

ただ、本日の議論の中でも出てきましたとおり ESG や SDGs に取り組むことによって新しい事業展開を創出することができますし、先ほど少し竹ケ原さんもおっしゃっていましたけれども、リスクの低減はあまり強調したくはありませんが、当然、そういうところにもつながるのかなと思います。

今後、こうした ESG の取り組みの重要性は当然ますます増加していくと思いますし、環境への取り組みや社会的な責任を果たすことが企業の持続的な成長にとって不可欠な要素であり、中長期的な目線で ESG に取り組むことでさらなる企業価値の向上に必ずやつながるということだと思います。

われわれ地域金融機関は、日頃から、地域住民の方や事業者あるいは自治体の方々と非常に多くの関わりを持っています。また、お取引先と日頃のコミュニケーションを通じていろいろな情報を入手しているという強みもあります。

中小企業と接している地域金融機関としまして、金融サービスだけではなく、さまざまな課題解決の支援をすることが日頃から期待されているということでありますので、地域における社会的な役割の重要性をわれわれ自身がしっかりと認識していかなければならないのかなと思います。

こうした背景からも地域に根差した地域金融機関こそが積極的にイニシアチブを取ってステークホルダーを巻き込んだ形で地域のエコアクションシステムを構築していくことが必要であると考えています。

地域における持続可能な社会、経済づくりを拡大していく上でわれわれ地域金融機関が期待される役割は非常に大きいと考えていまして、今後、当金庫としましてもお取引先と課題を共有させていただいて解決に向けた伴走支援に全力で取り組んでいきたいと思っています。皆さんからもご期待を頂ければと思いますので、よろしくお願い申し上げます。

本日は誠にありがとうございました。

家森：

　作田理事長、どうもありがとうございました。

　それでは、続きまして、古川理事長、お願いします。

古川：

　企業の成長、そして、地域の持続的発展を実現するためには中小企業・小規模事業者が急速に変化する経営環境に対して的確に対応していくことがまさしく必要だということが今日の中でも認識されたと思います。私どもも SDGs の面から ESG 経営のサポートを強めていきたいと思っています。

　今、作田理事長からお話がありましたとおり、それぞれの金融機関は各企業の懐に入りこんで非常に多くの情報を持っておられるということですので、地域の各金融機関と私どもがより密接な連携を図っていくことも重要ではないかと思っています。

　それぞれの事業者のニーズに応じた新たな融資制度に私どもが保証でタイアップするという新たな連携策を検討していくこともこれからは必要ではないかと思っています。

　それから、もう一点ご紹介しますと、私どもが事務局になってひょうご信用創生アワードという顕彰制度を設けています。平成 29 年に創設し、3 年間実施しましたが、直近 3 年間はコロナの関係でストップしています。今年度、4 年ぶりにこのアワードを開催し、復活させたいと思っています。

　その中で、新規に今年度、SDGs に積極的に取り組む好事例、支援事例に対し審査員特別賞といった形で賞を一つ設けます。こうした顕彰制度を活用した啓発にもより力を入れていきたいと思っています。

　このアワードは家森先生に創設当時から審査委員長を務めていただいています。今年度もお願いしており、秋ごろに開催したいと思いますので、皆さま、楽しみにしておいていただきたいと思います。

　このようにいろいろなツールを使いながら、機運を盛り上げ、また、具体的な支援策の検討も行い、SDGs の普及を図っていきたいと考えているところです。

本日はありがとうございました。

家森：

古川理事長、どうもありがとうございました。

それでは、続きまして、宮口さん、お願いします。

宮口：

まずは、本日はお招きいただきまして本当にありがとうございました。私自身も課題が非常にクリアになったと思います。本当に勉強になりました。

中小企業が持続可能な経営を行っていくためには投資先あるいは取引先にこれからもずっと選ばれ続けることが非常に重要です。大げさに言えばESG経営は企業の生き残りを懸けた成長戦略とも言えるかもしれません。

中小企業の経営者の方にはしっかりとこれを受け止めて向き合っていただきたいと改めて思いました。県といたしましてもしっかり機運醸成を図るとともにそういった中小企業をサポートしていくことが必要だと認識しています。

実は、兵庫県は2日ほど前にSDGs未来都市に選定されまして知事が認定式で交付を受けました。知事は全国のモデルになるような取り組みを進めていきたいと記者会見等で言っていました。今後とも積極的に中小企業のSDGsの取り組みを支援してまいりたいと思いますので、よろしくお願いします。

本日はどうもありがとうございました。

家森：

どうもありがとうございました。

続きまして、今井さん、お願いします。

今井：

ありがとうございます。

今日お話がありましたように、行政や金融機関、それぞれいろいろな立場で

取り組みを進めているところですが、これからが正念場かと思います。

　そういう中で、「知る」「測る」「減らす」ではないですけれども、サステナビリティという問題は自分自身の未来をできるだけ見通すということですので、目を見張って先を見通すこと、少し背伸びをしてということなのかもしれませんけれども、それを想像することから始めるということかと思います。

　目を凝らして見えない部分や先が不安定なところはたくさんあります。国の施策は、そういうところにできるだけ見通しがつくように、ある意味、サステナビリティにきちんと投資する企業が勝ち残れるような、生き残れるような市場基盤をつくっていくのが国の仕事かなと思います。情報・知見の提供なのか直接的な支援なのかということはありますが、そういうものをしっかりやっていきたいと思っています。

　それに加えまして、それぞれの地域の中の主体にお願いしたいのは、一つはつながることかなと思っています。つながるというのも、言うのは簡単なのですが、つながる時に大事なのは、相手との間には距離がありますので、お互いに手を伸ばすということなのかなと思っています。環境省という役所は単体ではなかなか力の足りない役所ですけれども、そこに関してだけは全力で手を伸ばしていろいろなところとつながろうと思っています。ぜひ使っていただきつつ、皆さま同士もしっかりと手を伸ばして、間を埋めてつながることで全体の地域の課題に取り組んでいければと思っています。

　本日は、皆さま、お招きいただきまして本当にありがとうございました。

家森：

　どうもありがとうございました。

　手だけではなく足をのばしてここまで来ていただきましてありがとうございました。今後もぜひいろいろとご協力いただければと思います。

　それでは、最後に、竹ケ原さんには、長らく金融・環境の分野でオピニオンリーダーとしてさまざまな点で取り組んでこられていますので、そういう経験から今の流れをさらに加速させるために関係者に期待するところをお話しいた

だければと思います。

竹ケ原：

　本日はこういう貴重な機会を頂きまして本当にありがとうございます。

　つらつらお話を聞いていまして最後に感じたことなのですが、どちらかといいますと、今、金融は取引先企業の脱炭素をどう支援するかという立場で話をしていたと思います。先ほど今井さんが開示ルールが変わるという話をされまして、それで思い出したのですが、実は金融自身の排出をどうするかという大きな問題が今出てきています。

　開示ルール上は、金融機関の Scope1、2、自分たちが出す CO_2 などはどうでもよくて、金融機関が貸している先の CO_2、要はポートフォリオベースで全部グリーンハウスガスを加重平均したものがお前たちの排出量だということです。これを 2050 年にカーボンニュートラルにするということが金融機関に課せられているタスクです。これは間もなく地域の金融機関にも下りてまいります。

　そうなってきますと、非常に安易な発想としましては排出量の多い取引先をポートフォリオから外して軽いところに置き換えてしまうというダイベストメントです。このようなことをやっていたら地域経済のトランジションは失敗してしまいます。他方、ゆっくりとした排出削減に付き合っていますといつまでたっても金融機関の CO_2 が落ちないというジレンマもあります。

　恐らくこれから金融機関は自分たちがなんとなく助けてあげようというポジションからまさに自分事になっていくフェーズだと思うのです。そうなってきますと金融機関のやれることも限界があります。まさにプラットフォームが必要で、今日、お話を聞いていまして、今、この兵庫県で実践されているように、行政、アカデミア、産業界、金融がしっかり組んでこの問題にいかに取り組んでいくかという力が多分これから問われるのだろうという気がしました。

　本当にどうもありがとうございました。

家森：

　どうもありがとうございました。

　本来ですともっと議論したいところなのですが、既に予定している時間を超過していますので、ここまでにせざるを得ません。

　本日の講演およびパネルディスカッションにつきましては、経済経営研究所の研究叢書として発行する予定ですので、本日の議論をその際に振り返っていただければと思います。

　それでは、パネルディスカッション「地域の持続的発展のために地域金融は何ができるのか」を終了します。どうもご清聴ありがとうございました。

荒木：

　パネリストの皆さま、ありがとうございました。

　最後に主催者を代表しまして北野重人神戸大学経済経営研究所長から本日のお礼を申し上げます。

北野：

　地域の持続的な成長を実現するためには地域の中小企業の ESG 対応が不可欠ですが、それに対処するための人材、ノウハウや資金が不足している企業が少なくありません。そこで、地域金融機関や信用保証協会、自治体や国などが連携して支援していく必要があります。本シンポジウムがそうした取り組みの一歩となれば幸いです。

　また、今回のシンポジウムは尼崎信用金庫さまとの共同研究の中間発表としての性格を持っています。本年も共同研究を継続して最終的な成果をまとめる計画となっています。引き続きよろしくお願いします。

　最後になりますが、当研究所では、兵庫県庁さま、尼崎信用金庫さま、兵庫県信用保証協会さま、株式会社エフアンドエムさま、野村資本市場研究所さまなどと共同研究や受託研究を進めています。

　ご案内のとおり、この 4 月には地域共創研究推進センターを設立し、地域の

金融機関や団体さまとの共同研究をさらに強力に推進していくことにしております。ご参加の皆さまにおかれましても当研究所との共同研究にご関心がおありでしたらご相談いただけますと幸いです。

　今後とも当研究所の活動に対しましてご支援を頂きますようによろしくお願いします。

　本日はどうもありがとうございました。

神戸大学経済経営研究所
神戸大学社会システムイノベーションセンター

神戸大学経済経営研究所地域共創研究推進センター開設記念　公開シンポジウム

神戸大学・尼崎信用金庫　共同研究成果発表
「地域の持続的発展と金融機関の役割
- ESG地域金融の取り組み」

間接金融が大きな役割を果たしている日本では、地域金融機関には、地域の持続可能性の向上に資するESG地域金融の実践が期待されています。
神戸大学経済経営研究所と尼崎信用金庫は、2022年度より「ESG要素を考慮した事業性評価の深化を通じた地域における事業者支援体制構築の推進」に関する共同研究を実施してきました。
また、尼崎信用金庫は2022年度の環境省ESG地域金融促進事業に採択されています。本シンポジウムは、それらの取り組みの現段階での成果を報告し、取り組みを深化させることを目指します。

2023 **5/24**水
13:30 - 16:45

会場：神戸大学出光佐三記念六甲台講堂
　　　ハイブリッド開催

定員：先着100名（対面）
　　　先着200名（オンライン）
締切：5月22日（月）

Program

総合司会　荒木 千秋　／神戸大学経済経営研究所 非常勤講師

13:30 - 13:40　主催者挨拶　作田 誠司　／尼崎信用金庫 理事長
13:45 - 14:55　基調講演
　①「ESG地域金融への期待」
　　竹ケ原 啓介　／株式会社日本政策投資銀行設備投資研究所
　　　　　　　　　エグゼクティブフェロー 兼 副所長 兼 金融経済研究センター長
　②「ESG地域金融と事業者支援」
　　家森 信善　／神戸大学経済経営研究所 教授・同地域共創研究推進センター長
　③「ESG要素を踏まえた事業性評価の取り組み 尼崎信用金庫の挑戦＜ツールの開発と活用＞」
　　田中 直也　／尼崎信用金庫価値創造事業部 部長

15:15 - 16:35　パネルディスカッション　司会 家森 信善
　「地域の持続的発展のために地域金融は何ができるのか」

パネリスト
（順不同）
　　竹ケ原 啓介　／株式会社日本政策投資銀行設備投資研究所
　　　　　　　　　エグゼクティブフェロー兼 副所長兼 金融経済研究センター長
　　作田 誠司　／尼崎信用金庫 理事長
　　宮口 美範　／阪神水県民局長（前兵庫県産業労働部 次長）・神戸大学 客員教授
　　古川 直行　／兵庫県信用保証協会 理事長
　　今井 亮介　／環境省大臣官房環境経済課環境金融推進室長

16:35 - 16:45　閉会の挨拶　北野 重人　／神戸大学経済経営研究所長

学内マップ

お申込み方法
参加をご希望の方は、以下に記載の【WEB申込みフォーム】によりお申し込みください。
【WEB申し込みフォーム】は神戸大学経済経営研究所のホームページトップにあるお知らせからもリンクしています。

神戸大学経済経営研究所　🔍検索　　WEB申込みフォーム　https://www.ocans.jp/kobe-u?fid=FPggOD4V

お申込み窓口
神戸大学経済経営研究所《公開シンポジウム》担当　E-mail sympo@rieb.kobe-u.ac.jp
〒657-8501 兵庫県神戸市灘区六甲台町2-1　　お電話でのお申し込み、お問い合わせはご遠慮ください。

申込みフォームは上記QRコードから

主催／神戸大学経済経営研究所、尼崎信用金庫、神戸大学社会システムイノベーションセンター
後援／近畿財務局、近畿経済産業局、兵庫県、兵庫県信用保証協会、神戸商工会議所、大阪銀行協会、アジア太平洋研究所　（令和5年度神戸大学「地域連携事業（組織型）」採択事業）

登壇者プロフィール（50音順）

荒木 千秋 （あらき ちあき）：神戸大学経済経営研究所 非常勤講師

2006年武庫川女子大学文学部卒業。2014年神戸大学経済学研究科 修士課程修了（経済学修士）。三井住友銀行入行、三菱東京UFJ銀行（現三菱UFJ銀行）を経て、2016年荒木FP事務所を立ち上げる。2018年〜2022年大阪電気通信大学金融経済学部特任講師。

現在は、大阪電気通信大学・大手前短期大学において非常勤講師として、金融関連科目/情報基礎科目/PLB型キャリア形成科目を担当。これまでに、日本FP学会審査員賞（2014年）・大銀協フォーラム研究支援特別賞（2020年）を受賞。著書として、『「不安なのにな〜んにもしてない」女子のお金入門』（講談社 2019年）がある。

今井 亮介 （いまい りょうすけ）：環境省大臣官房環境経済課 環境金融推進室長

2007年環境省入省。気候変動及びエネルギー政策、資源循環政策等の担当を経た上で、2022年より現職。

現在はグリーン・ファイナンスの市場整備や開示、地域金融機関を含む国内金融機関へのESG金融の普及に取り組んでいる。

北野 重人 （きたの しげと）：神戸大学経済経営研究所所長・教授

2003年 名古屋大学大学院経済学研究科 博士課程修了。博士（経済学）名古屋大学。

名古屋大学大学院経済学研究科助手、和歌山大学経済学部准教授、神戸大学経済経営研究所准教授などを経て、2014年より神戸大学経済経営研究所教授。2021年 経済経営研究所副所長、2023年より同所長。

専門は、国際金融・国際マクロ経済学。編著書に、『Global Financial Flows in the Pre- and Post-global Crisis Periods』（Springer 2022年）、『マクロ経済学』（東洋経済新報社 2016年）などがある。

作田 誠司 (さくだ せいじ)：尼崎信用金庫 理事長

1963 年兵庫県生まれ。関西大学商学部卒業後、1985 年 4 月に、尼崎信用金庫に入庫。総務部専門部長 兼 総務部秘書課長、監事付専門役、けま・宝塚各支店長、秘書室長、総合企画部長などを歴任。

2011 年 7 月に執行役員・総合企画部長、2012 年 6 月に理事執行役員、2015 年 6 月に常務理事執行役員、2016 年 6 月に理事長に就任し、現在に至る。

また、現在、兵庫県信用金庫協会・会長、近畿地区信用金庫協会・会長、信金中央金庫・理事などを兼務している。

竹ケ原 啓介 (たけがはら けいすけ)：
株式会社日本政策投資銀行設備投資研究所 エグゼクティブフェロー 兼 副所長 兼 金融経済研究センター長

1989 年 3 月 一橋大学法学部卒業。同年 4 月 日本開発銀行（現㈱日本政策投資銀行）入行。2005 年 4 月 フランクフルト首席駐在員、2011 年 5 月 環境・CSR 部長、2017 年 6 月 執行役員産業調査本部副本部長 兼 経営企画部サステナビリティ経営室長を経て、2021 年 6 月より現職。

環境省「地域における ESG 金融促進事業 意見交換会」座長（2018 年～）、同「中央環境審議会（総合政策部会）」臨時委員（2019 年～）、同「脱炭素先行地域評価委員会」座長（2022 年～）、国土交通省「不動産分野の社会的課題に対応する ESG 投資促進検討会」座長（2021 年～）、経済産業省「非財務情報の開示指針研究会」委員（2021 年～）、同「トランジション・ファイナンス環境整備検討委員会」委員（2021 年～）などの公職を務める。

編著書に、「サステナブルファイナンスがよくわかる講座」（共著 きんざい 2022 年）、「ESG 金融実践のための SDGs 入門講座」（共著 きんざい 2019 年）、「再生可能エネルギーと新成長戦略」（共著 エネルギーフォーラム 2015 年）、「責任ある金融 評価認証型融資を活用した社会的課題の解決」（共著 金融財政事情 2013 年）など。

田中 直也（たなか　なおや）：尼崎信用金庫 価値創造事業部 部長 兼 法人ソリューショングループ長

関西大学経済学部卒業後、1995年4月に尼崎信用金庫に入庫。石橋・昭和町・園田・阪神西宮・大国町・潮江支店長などを歴任。

2021年7月ソリューション推進部長、2022年7月価値創造事業部 部長 兼 法人ソリューショングループ長に就任し、現在に至る。

古川 直行（ふるかわ　なおゆき）：兵庫県信用保証協会 理事長

1983年3月 同志社大学法学部卒業。

兵庫県県土整備部県土企画局長、産業労働部政策労働局長、東京事務所長、病院局病院事業副管理者、但馬県民局長、（公財）兵庫県まちづくり技術センター理事長、（公財）ひょうご産業活性化センター理事長、兵庫県公立大学法人 副理事長 兼 事務総長、2023年4月より現職。

宮口 美範（みやぐち　よしのり）：阪神北県民局長／神戸大学 客員教授

2015年 神戸大学大学院経済学研究科 博士課程(前期課程)修了。

兵庫県産業労働部新産業課長、企画県民部専門職大学準備課長、但馬県民局地域政策室長兼 企画県民部参事（専門職大学地域連携担当）を経て、2021年 兵庫県産業労働部産業振興局長、2022年 兵庫県産業労働部次長。2023年4月より現職。2022年 神戸大学経済経営研究所客員教授。

家森 信善（やもり のぶよし）：
　　　　　神戸大学経済経営研究所 教授・同地域共創研究推進センター長

　　　1986 年 滋賀大学経済学部卒業。1988 年 神戸大学大学院経済学研究科 博士前期課程修了。

　　　名古屋大学大学院経済学研究科教授、名古屋大学総長補佐などを経て、2014 年より神戸大学経済経営研究所教授および名古屋大学客員教授。2016 年 経済経営研究所副所長、2021 年 同所長（〜2023 年）。2023 年 神戸大学経済経営研究所地域共創研究推進センター長。

　経済学博士。神戸大学社会システムイノベーションセンター副センター長（2016〜2019 年）。専門は、金融システム論。これまでに、中小企業研究奨励賞・本賞（2005 年）、日本 FP 学会最優秀論文賞（2015 年）など受賞。

　現在、日本金融学会常任理事、日本保険学会理事、生活経済学会副会長、日本 FP 学会理事、日本経済学会代議員、日本学術会議連携会員などの学会役員の他、財務省財政制度等審議会委員、中小企業庁中小企業政策審議会臨時委員（金融小委員会委員長）、国土交通省独立行政法人住宅金融支援機構業務実績評価有識者会合委員、地域経済活性化支援機構（REVIC）社外取締役、兵庫県信用保証協会運営等有識者会議委員長、大阪府国際金融都市 OSAKA 推進委員会アドバイザーなどの公職を務める。これまでに、金融庁参与、金融庁金融審議会委員などを歴任。また、愛知県信用保証協会外部評価委員会委員、アジア太平洋研究所上席研究員、名古屋証券取引所アドバイザリーコミッティー委員、日本貸金業協会副会長なども務めている。

　編著書に、『ベーシックプラス　金融論　第 3 版』（中央経済社 2022 年）、『信用保証制度を活用した創業支援』（中央経済社 2019 年）、『地域金融機関による事業承継支援と信用保証制度』（中央経済社 2020 年）、『ポストコロナとマイナス金利下の地域金融』（中央経済社 2022 年）などがある。

神戸大学経済経営研究所／尼崎信用金庫主催シンポジウム
「地域の持続的発展と金融機関の役割—ESG地域金融の取り組み」

ESG地域金融への期待

DBJ 株式会社**日本政策投資銀行**

設備投資研究所　エグゼクティブフェロー　竹ケ原啓介

本日のご説明内容

■ESG地域金融とは何か

■重要課題例としての「脱炭素」

■取引先へのアプローチ

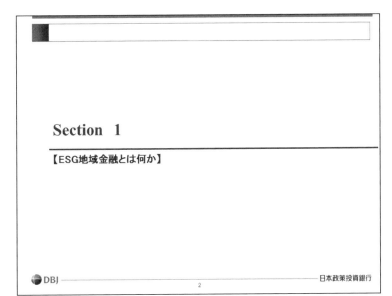

Section 1

【ESG地域金融とは何か】

拡大するサステナブル投資残高（10億＄）

REGION	2016	2018	2020
Europe*	12,040	14,075	12,017
United States	8,723	11,995	17,081
Canada	1,086	1,699	2,423
Australasia*	516	734	906
Japan	474	2,180	2,874
Total (USD billions)	22,839	30,683	35,301
総運用資産に占める割合(%)	27.9	33.4	35.9

（出所）Global Sustainable Investment Alliance "Global Sustainable Investment Review（GSIR）2020"

ESG投資のメインストリーム化

サステナブル投資が全体に占める割合の推移

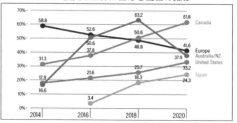

REGION	2014	2016	2018	2020
Europe*	58.8%	52.6%	48.8%	41.6%
United States	17.9%	21.6%	25.7%	33.2%
Canada	31.3%	37.8%	50.6%	61.8%
Australasia*	16.6%	50.6%	63.2%	37.9%
Japan		3.4%	18.3%	24.3%

（出所）**Global Sustainable Investment Alliance** "**Global Sustainable Investment Review（GSIR）2020**"

トレンド：ESG投資のメインストリーム化

■ 金融危機を契機に、過度のショートターミズム（短期主義）が投資家、企業双方にもたらす弊害に対する認識が拡大。

■ 短期間の裁定取引に対するアンチテーゼとして、企業の長期的な成長に着目し、これにコミットする投資家（長期投資家）の重要性を再確認する動きが活性化。

■ 投資家にとって、企業の長期的な成長にコミットするために必要な情報として、また、企業にとって、こうした長期投資家を惹きつけるために重要な情報として、非財務情報（ESG情報）が位置づけられつつある。この結果、ESG投資のメインストリーム化が進んでいる。

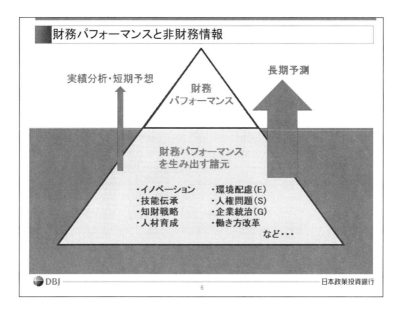

財務パフォーマンスと非財務情報

実績分析・短期予想

長期予測

財務
パフォーマンス

財務パフォーマンス
を生み出す諸元

・イノベーション　　・環境配慮(E)
・技能伝承　　　　・人権問題(S)
・知財戦略　　　　・企業統治(G)
・人材育成　　　　・働き方改革

など・・・

トレンド：ESG投資への関心の高まりと課題

■ 2014/2の日本版Stewardship Codeを機に、これまでSRI／ESG
投資に熱心とはいえなかった日本の機関投資家の間でも、非財務情報
への関心が高まった。

■ 2015/9 世界最大の機関投資家（アセットオーナー）であるGPIF
（年金積立金管理運用独立行政法人）がPRI（責任投資原則）に署名
し、ESGを重視する姿勢を明らかにしてから、上記の流れが一気に加
速。

■ ESG Ratingの影響力が拡大していることに加え、機関投資家も独自
のESG評価に基づくエンゲージメントを強化している。情報開示の充
実を図ることや投資家との対話の充実など、ESG情報に関するコミュ
ニケーションの巧拙が安定株主の確保や企業評価面に影響を与える可
能性が高まっている。

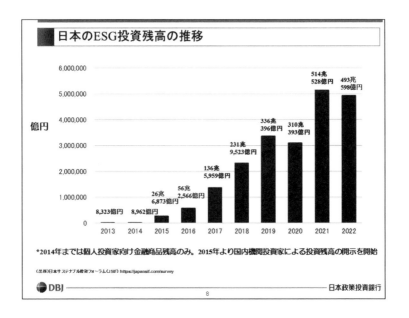

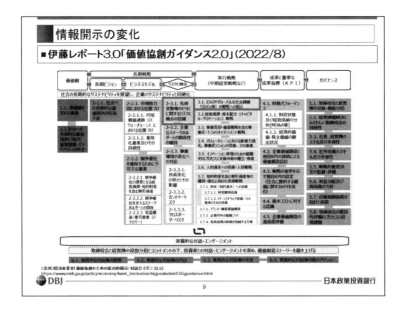

ESG投資家が企業に求める情報とは

◆ 「ビジネスモデル」を通じた競争優位の説明

- ・バリューチェーンにおける差別化
- ・差別化を支える経営資源・無形資産・ステークホルダーは何か？
- ・その強化のためにどのような投資（獲得、資源配分、育成等）が必要か？

稼ぐ力

◆ 「ビジネスモデル」の持続可能性

- ・最大の脅威は、ビジネスモデルの差別化要素（経営資源・無形資産・ステークホルダーとの関係）が維持できなくなること
- ・中長期的に社会が直面する重要な社会課題を認識し、自社の成長戦略に組み込んでいるというロジックが必要
- ・自社のビジネスモデルの持続可能性／戦略の実現可能性に大きな影響を及ぼす「社会課題」をどのように説明するか？

SDGsの活用！　マテリアリティ

ESG投資とSDGs

（出所）GPIF　https://www.gpif.go.jp/investment/esg/#b

地域金融とESGとの接続

Q　ESG投資の拡大は地域の中堅・中小企業に影響するか？

- 「長期投資の前提として、対象企業のビジネスモデルの長期持続可能性を知るために非財務情報に着目する」というESG投資のロジックを伝統的なメインバンクと企業との関係に重ねれば・・・

- 金融政策の要請「財務データや担保・保証に必要以上に依存することなく、取引先企業の事業内容や成長可能性などを適切に評価すること（平成26年度金融モニタリング基本方針）」の含意

- 真の経営課題を把握し、必要なアドバイスや資金供給を通じて支援することは、自らの事業機会であるのに加え、事業基盤である地域経済を持続可能な強靭なものにすることを通じて、自らの強化にもつながるはず。

【環境省】ESG地域金融

ESG地域金融の本質

✓ **ESG要素**（環境・社会・企業統治）を考慮した事業性評価と、それに基づく融資・本業支援等の実践は、地域金融機関にとって本質的に内在しているものである。

地域の環境・社会的課題によって生じる企業のESGリスクや機会を考慮	■ 地域経済にとって不可欠な存在である地域金融機関が、地域の持続的成長を促すには、**地域資源や地域課題（環境・社会）を把握**する事が必要。 ■ また、地域や地域企業がさらされている国内外の環境・社会（**ESG要素**）に起因するリスク・機会（**ESGリスクと機会**）を中長期的に見据えることも重要。
本質 ESG要素に着目し地域企業の価値を発掘・支援	□ この様な**中長期的な視点**を持ち**ESG要素に着目**して、地域資源と地域課題を活用・解決する事に取り組む企業の価値を**見いだす（発掘）**こと。
地域経済発展につながる「地域循環共生圏」の構築	□ 企業の課題・価値や地域のニーズを踏まえた**事業性評価**を行い、**融資や本業支援を実践**することが地域金融機関に求められている。 ⇒地域経済の持続的成長と「地域循環共生圏」の構築に貢献
トップの理解と関与の重要性	■ ESG地域金融は質的転換を含む全社的な経営課題。 ■ 現場の実践を促す組織文化の醸成はトップの役割。 ■ 経営方針にESGの要素を入れる。

（出所）環境省「ESG地域金融実践ガイド」

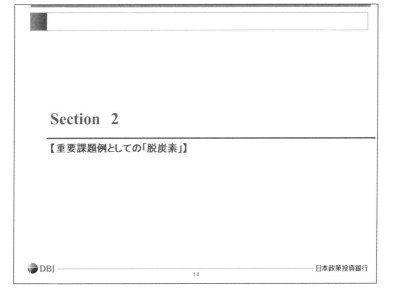

Section 2

【重要課題例としての「脱炭素」】

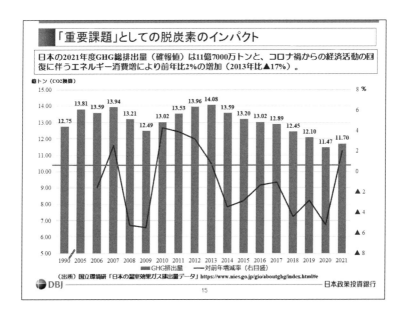

「重要課題」としての脱炭素のインパクト

日本の2021年度GHG総排出量（確報値）は11億7000万トンと、コロナ禍からの経済活動の回復に伴うエネルギー消費増により前年比2%の増加（2013年比▲17%）。

（出所）国立環境研「日本の温室効果ガス排出量データ」https://www.nies.go.jp/gio/aboutghg/index.html#e

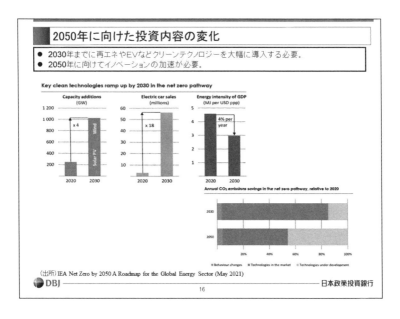

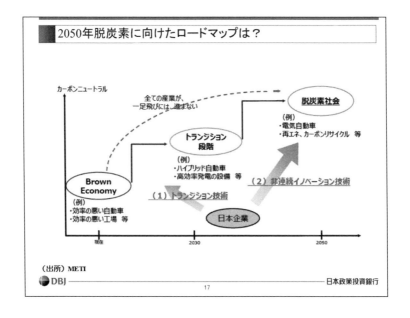

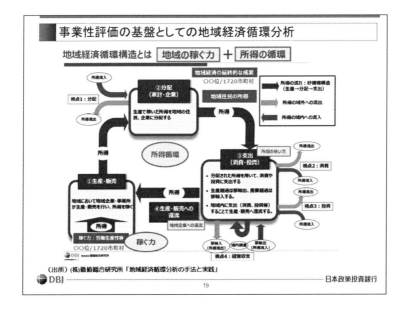

ESG地域金融の成否＝地域経済のトランジション

✓ ESG地域金融を行うことで、地域企業・地域経済の将来の明暗が分かれる。
✓ 金融機関の経営方針・戦略としてESG地域金融への取組を意思決定できるのは経営層のみ。

しない　　ESG地域金融の実践　　する

地域経済の縮小・コミュニティ消滅の危機

「地域循環共生圏」の構築で
活気づく地域社会・発展する地域経済

▶ 地域金融機関は「地域循環共生圏」実現のキープレーヤー

（出所）環境省「ESG地域金融実践ガイド」

DBJ

日本政策投資銀行

18

事業性評価の基盤としての地域経済循環分析

地域経済循環構造とは　地域の稼ぐ力　＋　所得の循環

（出所）（株）価値総合研究所「地域経済循環分析の手法と実践」

DBJ

日本政策投資銀行

19

ESG地域金融の事例より

（出所）https://www.env.go.jp/content/000123150.pdf

地域経済のトランジションとエンゲージメントの例

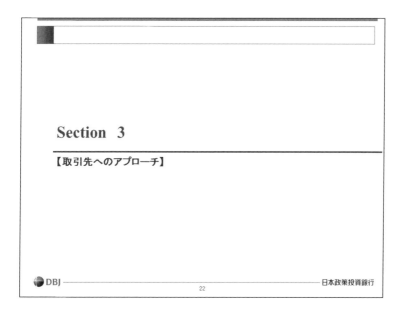

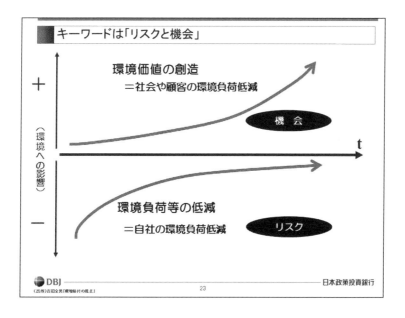

日々実践している努力の棚卸しと評価

「リスク」の視点

- 規制強化への備え（カーボンプライシングによるコスト増等）
- サプライチェーン管理強化に伴うリスクへの備え
- 人材確保／事業承継への備え（ミレニアム世代の嗜好）

- 省エネ（エネルギーコスト削減）の徹底とその見える化
    - ✓ EMS（中小企業版）の活用したPDCA
    - ✓ 省エネコンサルを活用したポテンシャルの見出し
    - ✓ コスト削減効果と並んで、CO2削減効果の「見える化」etc.
- 日々のオペレーションに隠れている「意図せざる環境経営」の把握
  （「サチらない」効果の把握と見せ方の工夫）
    - ✓ 適正な生産管理（SCM、在庫管理等）
    - ✓ 働き方改革に対応した営業業務・管理業務の効率化
    - ✓ 物流事故の減少　etc.

日々実践している努力の棚卸しと評価

「機会」の視点

- 脱炭素社会転換に向けた膨大な投資がどこに向かうのかの把握。
  それを取引先／地域経済の仕事にするには？

- サプライチェーン管理が強化されるなかで、取引先が
  「選ばれる」企業になるには？

- 脱炭素のプロセスを身近な問題として理解する

- 地域脱炭素ロードマップと自社事業との関連の把握

- 脱炭素ドミノに向けた5年間の集中期間に出来ることは？

- プラットフォームへの参画と主導

➡ 　「地域ESG金融」による事業性評価に接続！

【太陽工業株式会社】
　創　業：1959年
　事業内容：プレス部品メーカー（金型設計から製作・加工、組み立てまでの一貫製造）
　資本金：4.9億円
　従業員：250名　　　　　　　　https://www.taiyo-ind.co.jp/company/outline.php

私は社内で「ISO 14001（環境マネジメントシステムに関する国際規格）」の担当をしていたこともあ
り、日頃から環境問題について情報収集をしていました。また、取引先から求められた調達要件のマ
ニュアルを見たときに、法律だけ守っていれば良いという訳ではなく、企業の責任としてしっかりと人
権や差別といった問題に取り組まないとサプライチェーンから外されかねないと肌で感じていました。
そうした関心からSDGsを知ったのも比較的早い段階だと思います。

人事を担当していることもあり、SDGsに取り組むことは、持続可能な社会に向けて、課題に対し主体的
に動ける担い手を育てることであり、ひいては社員の人間力を高めることにもつながるのではないかと
考えたのです。そこで経営計画にSDGsを取り入れ、社として推進できるよう整備することにしました。

また、本来の事業とSDGsのつながりを意識することも重要な取り組みのひとつです。やはり製造業とし
て、品質不良の製品を減らすことや生産性向上による環境負荷の低減を目指すことは命題と考えており、
当社は10年以上前から、「環境効率（製造にかかるエネルギーから、1円の売上に対して使用したCO_2を
算出する）」の見える化を工場単位、職場単位で行っています。単純に「CO_2の使用を抑えるためにやめ
る」のではなく、数値目標を設定して「CO_2を価値のあるものに変えていく」という意識を各職場で取り
組むことで、製造業においても、カーボンニュートラル、残業削減や社員の働きがいなど、SDGsの目標
達成につながると考えています。

https://nagano-sdgs.com/interview/634

 DBJ　　　　　　　　　　　　　　　　　　　　　　　　日本政策投資銀行

26

【株式会社アルスター】
　創　業：1972年
　事業内容：官公庁等の一般情報システムの設計・施工・保守、管工事の設計・施工・保守　他
　資本金：4000万円
　従業員：300名　　　　　　　　https://www.alstar.co.jp/?page_id=79

国内インフラがある程度行き渡っている現在、中長期的にみると業界の発注量は減少する見込でしたの
で、新しいビジネスの柱を創出する必要がありました。私は事業を考えるにあたり、SDGsを起点にし
たビジネスをしたいと考えていました。世界共通の「ものさし」ですから、SDGsの理念に沿うことで
社会にも求められるビジネスが展開できるだろう、と。

当社の得意分野は情報通信設備の施工です。まったく畑違いのことをイチからはじめるよりも、これ
までの経験が活かせる事業を開発したいと思い、見出したのが「IoT」です。当社の強みを生かしつ
つ、従業員にとっても親しみのある分野だと考えました。

食品等事業者を対象に「HACCPハサップ」に準じた食品管理が義務化され、業務用冷蔵・冷凍庫の温
度管理などが厳しく求められるようになりました。食品卸売業のお客様は、「冷蔵・冷凍庫が開きっぱ
なしになっていないか」と休日も見回るなど、社員にとっては大きな負荷がかかっていましたので、こ
の課題を解決するために、新設のIoT事業で"温度センサーを活用したサービス"の提供を始めました。

当社はSDGsを起点にして新たなビジネスを立ち上げましたが、同じようにSDGsの観点で地域を眺め
ると、いたるところに大なり小なりの課題が見えてきます。IoTを提供することで、そうした課題に取
り組まれている事業者さんと一緒に解決していけるような取り組みを増やしていきたいですね。

https://nagano-sdgs.com/interview/402

DBJ　　　　　　　　　　　　　　　　　　　　　　　　日本政策投資銀行

27

【株式会社MAGMAG】
創　業：2018年
事業内容：デザインコンサルティング、CI・VI、広告クリエイティブ、ブランディング他
資本金：300万円
従業員：web上は非開示　　　　　　　　　https://magmaginc.com/company/

まず、SDGsアクションのきっかけは、「イベントでマルチバッグをノベルティとして配りたい」と取引企業から相談を受けたことでした。当初は低価格・短納期の外注先を利用しようと思いましたが、地元で使うものを県外や海外の企業に依頼することに違和感を覚えたのです。当社で展開しているシルクスクリーン印刷を活用すれば、地元での製作は可能です。地元でパートナーとして請け負ってくれるところを探すなかで、元々就労のボーダレス化（障がい者が制限なく就労できる社会の実現）に興味があったこともあり、丁寧な仕事で定評のある、障がい者福祉施設や就労施設にお願いしたいと思い至りました。

企業は、その仕事を通して、"地域になくてはならない存在"になっていくべきと思っています。世の中にある様々な仕事において就労格差をなくし、身近な人達が幸せを感じながらお金も稼げる理想的な仕組みができないかと常々考えていました。そんな折に、福祉施設と"ボランティア的観点"ではなく"ビジネスパートナー"として連携し、地域に密着したビジネスの展開をすることができました。短納期・低価格での納品は叶いませんが、それに代わる大きな付加価値がプラスされたとも感じています。

今後は、SDGsがビジネスのコアになると考えています。仕事とはお金を生むだけではなく、人を雇用するだけでもない。総括的に考えたとき、いかにサステナブルかということが大切です。そのためにも、本業であるデザイン業のスケールアップを図っていきます。

https://nagano-sdgs.com/interview/590

ご静聴ありがとうございました

ご質問、ご相談等がございましたら、何なりと下記連絡先にお問い合わせください。

連絡先

株式会社日本政策投資銀行　設備投資研究所（03-3244-1890）

神戸大学経済経営研究所／尼崎信用金庫主催シンポジウム
「地域の持続的発展と金融機関の役割—ESG地域金融の取り組み」
（2023年5月24日　神戸大学出光佐三記念六甲台講堂）

ESG地域金融と
事業者支援

神戸大学経済経営研究所教授
同地域共創研究推進センター長

家森信善

知・人・共創と協働

KOBE UNIVERSITY

---

1. はじめに

- 地域企業が持続的に発展していくためには、環境、社会に対して配慮した経営を進めていくことが必要。

- 地域企業のそうした取組を金融面から促進、支援していくことが、地域金融機関に求められている。

- 地域金融機関は、自治体等と連携し、地域資源の活用にかかる知見やESG要素を考慮したファイナンス（事業性評価など）を提供することで、取組推進の核となる重要なポジションにある（ESG地域金融実践ガイド2.2）

- 『金融行政方針　2022』「サステナブルファイナンスの推進」：それぞれの金融機関の規模・特性も踏まえつつ、足もとでの気候変動対応への取組状況について、対話の中で丁寧に把握し、更なる取組みを進めていく上での課題を特定していく。その上で、リスク管理や顧客企業への支援に係る情報提供・ノウハウ共有などを通じて、金融機関の取組みの高度化を促していく。

2

2. 企業の意識の高まりと取組の障害

➢大同生命サーベイ「サステナビリティ経営の取組み状況」（2022年9月実施）（神戸大学経済経営研究所と大同生命の共同研究として実施）

ＳＤＧｓの認知度

＜全体＞
- 名称・内容ともに知っている
- 名称は知っているが、内容は知らない
- 名称・内容ともに知らない

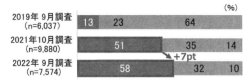

			(%)
2019年9月調査 (n=6,037)	13	23	64
2021年10月調査 (n=9,880)	51	35	14
2022年9月調査 (n=7,574)	58 (+7pt)	32	10

https://www.daido-life.co.jp/knowledge/joint_research/kobe.html

3

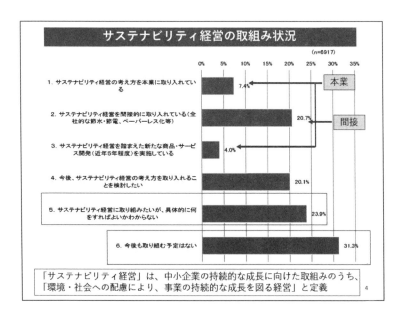

サステナビリティ経営の取組み状況

(n=6917)

1. サステナビリティ経営の考え方を本業に取り入れている　7.4%　←本業
2. サステナビリティ経営を間接的に取り入れている（全社的な節水・節電、ペーパーレス化等）　20.7%　←間接
3. サステナビリティ経営を踏まえた新たな商品・サービス開発（近年5年程度）を実施している　4.0%
4. 今後、サステナビリティ経営の考え方を取り入れることを検討したい　20.1%
5. サステナビリティ経営に取り組みたいが、具体的に何をすればよいかわからない　23.9%
6. 今後も取り組む予定はない　31.3%

「サステナビリティ経営」は、中小企業の持続的な成長に向けた取組みのうち、「環境・社会への配慮により、事業の持続的な成長を図る経営」と定義

4

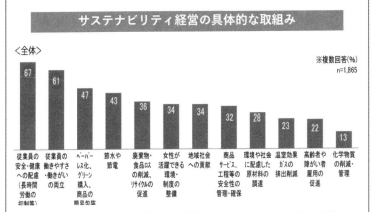

サステナビリティ経営の具体的な取組み

〈全体〉

※複数回答(%)
n=1,865

| | 67 | 61 | 47 | 43 | 36 | 34 | 34 | 32 | 28 | 23 | 22 | 13 |

従業員の安全・健康への配慮（長時間労働の抑制等）／従業員の働きやすさ・働きがいの両立／ペーパーレス化、グリーン購入、商品の簡易包装／節水や節電／廃棄物・食品ロスの削減、リサイクルの促進／女性が活躍できる環境・制度の整備／地域社会への貢献／商品サービス、工程等の安全性の管理・確保／環境や社会に配慮した原材料の調達／温室効果ガスの排出削減／高齢者や障がい者雇用の促進／化学物質の削減・管理

➤ 「従業員の安全・健康への配慮」や「従業員の働きやすさ・働きがいの両立」といったSの取組が上位。
➤ ただし、「節水や節電」「廃棄物・食品ロスの削減、リサイクルの促進」と行ったEの取組も50％近い。

5

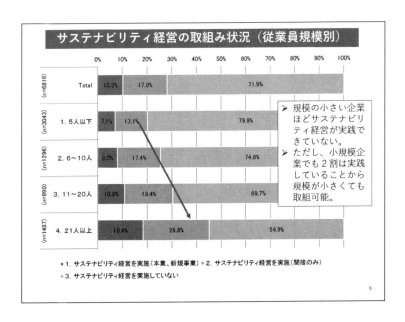

サステナビリティ経営の取組み状況（従業員規模別）

	1	2	3
Total (n=6816)	10.3%	17.8%	71.9%
1. 5人以下 (n=3043)	7.1%	13.1%	79.8%
2. 6〜10人 (n=1296)	8.0%	17.4%	74.6%
3. 11〜20人 (n=990)	10.9%	19.4%	69.7%
4. 21人以上 (n=1487)	18.4%	26.8%	54.9%

➤ 規模の小さい企業ほどサステナビリティ経営が実践できていない。
➤ ただし、小規模企業でも２割は実践していることから規模が小さくても取組可能。

■ 1. サステナビリティ経営を実施(本業、新規事業) ■ 2. サステナビリティ経営を実施(間接のみ)
■ 3. サステナビリティ経営を実施していない

6

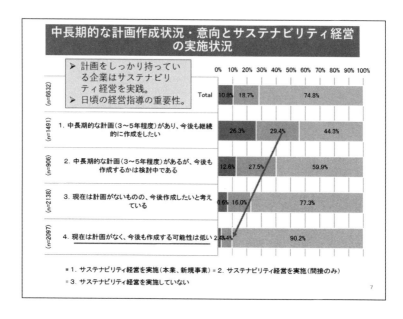

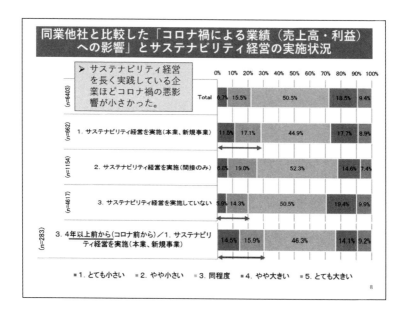

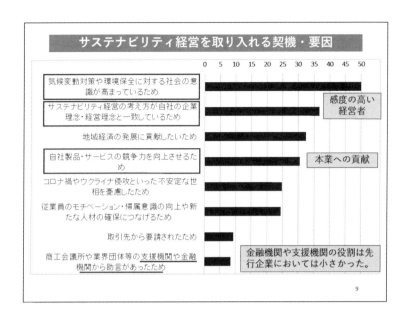

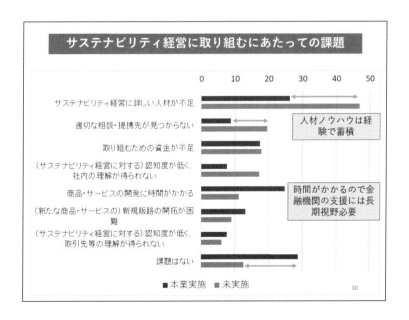

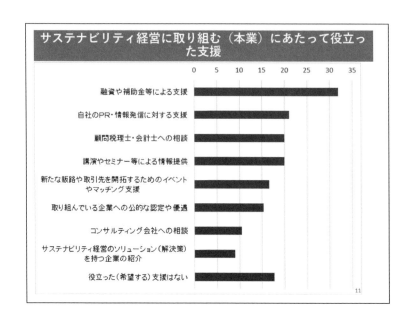

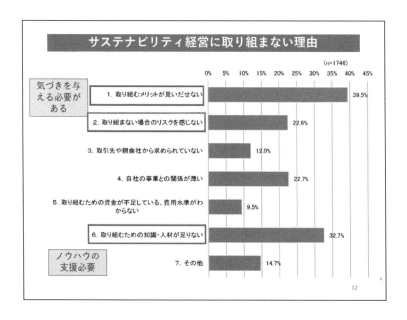

182

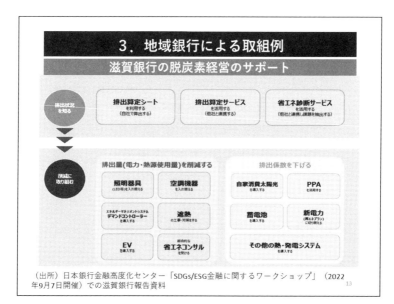

（出所）日本銀行金融高度化センター「SDGs/ESG金融に関するワークショップ」（2022年9月7日開催）での滋賀銀行報告資料

福岡銀行のSDGsスコアリングモデルサービス 「Sustainable Scale Index」

Sustainable Scale Indexについて
Sustainable Scale Indexは、約200の評価項目に回答することで、**回答した企業のSDGsに関連する取組みを指標化**します。類似同業者との相対評価で、回答した企業の立ち位置を把握することができます。

▌FFGが本サービスに取組む意義

POINT 1 地域のみなさまに活用いただける指標の提供

非上場企業のESG/SDGsの取組みを指標化したデータは少ない	対して ◀▶	世の中には、上場企業のESG/SDGsの取組みを指標化したデータは多い

地域企業と幅広くお取引いただくFFGが本モデルを構築し、多くの地域企業が活用することで、企業のESG/SDGsの活動を指標化し、地域のESG/SDGsの取組みに貢献できる

POINT 2 九州大学との協業による独自の評価システムの構築

https://www.fukuoka-fg.com/news_info_pdf/2021/20211005_sdgs.pdf

14

4．求められる事業性評価の深化

実践手順

- 本アプローチは、取引先企業を対象にESG要素を考慮した事業性評価を通じて中長期的なリスクや機会を検討することで、企業や案件の価値向上に向けた支援策を展開するための手法である。
- まず地域資源や産業、技術に関する本部と営業店の知見を蓄積し、バリューチェーンの観点から企業・案件のインパクトを把握することがポイントとなる。こうした事業性評価の先には、ネガティブインパクトを抑制しポジティブインパクトを創出し得る個別の企業や案件への支援を積み重ねることによって、持続可能な地域社会の構築を図っていくこととなる。

実施事項	内容	中心主体（例）
事前準備	✓ **外部環境分析**：対象産業の将来想定される外部環境動向を"政策"、"技術"、"自然環境"、"社会・市場構造"等の観点から整理し、影響が大きいと想定される事項を把握 ✓ **仮説設定**：外部環境分析の結果から、ヒアリングに向けた仮説を設定	✓ 本部（ソリューション営業）
現状把握 （ヒアリング）	✓ **ヒアリング**：取引先企業の仕入れ先、販売先及びその最終消費者の動向を把握するとともに、差別化要素を確認する ✓ 外部環境で影響が大きいと想定された事項への対応を把握する	✓ 営業店
課題と価値の把握	✓ **想定されるインパクトの評価**：対象事業の取組が環境・社会にどのような影響（インパクト）を及ぼしているか、もしくは及ぼし得るかを把握する ✓ **今後の取組の方向性の検討**：事前準備やヒアリングを踏まえ、取引先の持続可能性や企業価値向上に向けた取組の方向性を検討する	✓ 営業店 ✓ 本部（営業推進、審査）
共有・すり合わせ	✓ **取引先の将来性の把握**：営業店で整理した評価及びリスク、機会を本部と共有する ✓ **課題と機会の共有**：取引先企業に評価、整理した内容を共有する	✓ 営業店 ✓ 本部（営業推進、審査）
支援の検討	✓ **リスク緩和、機会獲得に向けた支援策を検討**：取引先企業のリスク緩和、機会獲得に向けて、取引先企業の対応策及びその実践に向けた支援策を検討する	✓ 営業店 ✓ 本部（ソリューション営業）

「**ESG地域金融実践ガイド2.2**」 https://www.env.go.jp/press/press_01375.html

15

ESG要素を考慮した事業性評価の目的

- ESG要素を考慮した事業性評価では、取引先の事業に影響を及ぼし得るリスクの検討に加え、企業・事業価値向上につながる機会やリスクの検討、さらに地域へのインパクト評価を行う。
- 事業に影響を及ぼし得るリスクの検討：大気汚染や土壌汚染など、ESGに関するネガティブ要素を確認し、事業へのリスクを最小化。
- リスク・機会の検討：ESG要素を考慮して対象事業の売上、収益向上につながる機会獲得やリスク低減に向けた取組を支援。
- インパクト評価：資金供給を行う意義を明確にするため、地域の環境や経済・社会へのインパクトを評価。

実施事項	事業性評価における考え方の例
事業に影響を及ぼし得るリスクの検討	✓ 法令違反（大気汚染や土壌汚染などに関する基準の超過）や座礁資産（石炭火力発電など環境変化により価値が大きく毀損する資産）、人権侵害等、環境や社会に多大なる悪影響を及ぼす事項を確認し、事業に影響を及ぼし得るリスクを最小限化する
ESG要素を考慮したリスク・機会の検討	✓ 中長期的に財務的な影響を及ぼす機会やリスクを検討 ✓ 特定したリスクや機会に関して、リスク緩和や機会獲得に向けた対話や支援を実施し、事業・企業価値の向上につなげる
環境・社会へのインパクト評価	✓ 取組により生じる環境・経済・社会の変化（インパクト）を把握し、リスク・機会の検討に活用するとともに、地域金融機関として支援をする意義を明確にする

実践ポイント ✓ リスク、機会につながるインパクトを及ぼす取組に関して継続的にモニタリングを実施し、取引先の事業・企業価値の向上につなげることが重要

16

ESG要素を考慮した事業性評価の取組み
～尼崎信用金庫の挑戦～
＜ツールの開発と活用＞

尼崎信用金庫　価値創造事業部　部長
兼　法人ソリューショングループ長
田中　直也

THE AMAGASAKI SHINKIN BANK

目次

1. 当金庫の概要
2. 当金庫の事業性評価及びSDGs・ESGへのこれまでの取組み
3. 当金庫のお取引先企業
4. ESG要素を考慮した事業性評価・支援体制の構築のきっかけ
5. ESG要素を考慮した事業性評価の研究過程
6. 考案した事業性評価ツール
   ① 選択式設問シート
   ② ESG要素を考慮したローカルベンチマーク
   ③ ESG事業性評価シート
7. ESG要素を考慮した事業性評価に基づく伴走支援体制
8. 今後のビジョン

1

THE AMAGASAKI SHINKIN BANK

1．当金庫の概要（2023年3月末現在）

創　　　業 ： 1921年（大正10年）6月6日
本店所在地 ： 兵庫県尼崎市
店　舗　数 ： 90店舗（うち出張所4）
預　金　量 ： 2兆7,532億円
融　資　量 ： 1兆3,196億円
出　資　金 ： 142億円
会　員　数 ： 130,847人
常勤役職員数 ： 1,343人

1．当金庫の概要

当金庫では、創業以来「地域社会への貢献」を経営の基本方針に掲げ、地域経済の活性化と持続的な発展、魅力ある地域社会づくり、環境保全の永続的な取組など、地域社会の発展を常に考えた事業活動に取組んでいます。

コンサルティング
機能の発揮

「事業性評価」の目線で
創業支援から事業承継まで、
あらゆる経営課題に最適な
ソリューションをご提案

地域貢献活動

「本業のひとつ」と考え
環境・安全・教育・文化
などの活動に全役職員が
一丸となって取組む

あましんビジネスモデルの2本柱

🔹 尼崎信用金庫

２．当金庫の事業性評価及びSDGｓ・ESGへのこれまでの取組み

	事業性評価		SDGs・ESG
2001年7月	「業種別審査スペシャリスト制度」を開始		
2004年1月	「あまがさき技術サポート融資制度」の創設		
2005年6月	兵庫県へ提言し、「ひょうご中小企業技術評価制度」発足		
2010年9月	「知的資産経営報告書」作成セミナーを開催	2010年3月	「尼崎21世紀の森づくり」に参画する「あましん緑のプロジェクト」活動を開始
		2010年10月	「尼崎21世紀の森あましん植樹祭」を開催
2010年12月	経営改善支援担当者養成及び「経営支援アドバイザー」のライセンス付与	2010年11月	「ECO未来都市・尼崎」共同宣言に参画
		2010年12月	「あましん緑のプロジェクト」苗木の里親コーナー設置及び苗木の里親苗木事開始
2014年9月	「知財金融促進事業」の知財ビジネス評価書の活用開始	2010年12月	本部棟空調熱源設備を更改し年間153トンのCO2削減を図る
		2011年1月	新型リフォームローン「エコの達人」をはじめとした各種ローンの創設
2017年11月	ひょうご信用組生アワード改善部門にて事業者支援の取組が評価され最優秀賞を受賞	2011年7月	「あましんグリーンプレミアム」を創設
		2011年10月	「尼崎21世紀の森 尼信紙樹祭」を開催
2018年10月	「技術・経営力評価制度（大阪版）」の取扱い開始	2012年6月	尼崎21世紀の森保育活動開始
		2014年7月	一般社団法人グリーンファイナンス推進機構に職員出向
2018年11月	ひょうご信用組生アワード創業部門にて事業者支援の取組が評価され最優秀賞を受賞		
		2019年10月	あましんSDGｓ宣言を表明／「SDGｓ応援融資」取扱開始
2019年11月	ひょうご信用組生アワード創業部門にて事業者支援の取組が評価され最優秀賞を受賞		
		2021年12月	東京海上日動火災保険㈱と「お取引先へSDGｓを普及・促進するための連携協定」を締結
2022年1月	若手職員を対象に「ローカルベンチマーク」の研修を実施		
2022年4月	取引先の課題解決を支援する新サービスとして「技術・経営力評価サポートプラス」並びに「課題抽出・サポートプログラム」の取扱を開始	2022年7月	「あましんSDGｓ」サービスパッケージ創設
2023年1月	兵庫県地域支援金融会議主催「伴走支援グット・プラクティス発表会」にて当金庫支援事例が好事例に選出	2022年11月	一般財団法人 持続性推進機構と包括連携を締結
2023年3月	大阪府主催「新事業支援-Vチャレンジ」のイベントで事業者支援の取組を発表		
2023年3月	ESG要素を考慮した事業性評価ツール作成	2023年4月	TCFD（気候関連財務情報開示タスクフォース）提言への賛同及び開示

３．当金庫のお取引先企業

　　融資ご利用のお取引先企業につきましては、全業種バランスよくお取引頂いております。お取引先には積極的に事業性評価を活用した課題解決型コンサルティング活動を行っております。

（計数は2023年3月末速報値）

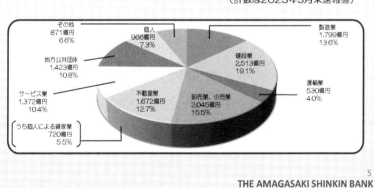

その他 871億円 6.6%
個人 966億円 7.3%
製造業 1,799億円 13.6%
地方公共団体 1,423億円 10.8%
建設業 2,513億円 19.1%
サービス業 1,372億円 10.4%
運輸業 530億円 4.0%
不動産業 1,672億円 12.7%
卸売業、小売業 2,045億円 15.5%
うち個人による貸家業 720億円 5.5%

4．ESG要素を考慮した事業性評価・支援体制の構築のきっかけ

【事業性評価・伴走支援に強み】
当金庫は以前から事業性評価を通じた課題抽出ソリューションを積極的に行って
おり、伴走支援を強みとしています。

【環境への取組み】
当金庫は従前より、「あましんグリーンプレミアム」をはじめ環境分野の取組みに
注力してまいりました。

【業種に偏りの少ない融資ポートフォリオ】
当金庫のお取引先は特定の産業への偏りがなく、それ故に様々なESG要素が中長期
的なリスク・機会の両面でお取引先へ影響を及ぼす可能性があります。

【取組みの必要性の認識】
一方でESGの観点での評価は実施しておらず、当該分野の伴走支援ソリューション
を強化していく必要を感じていました。

5．ESG要素を考慮した事業性評価の研究過程

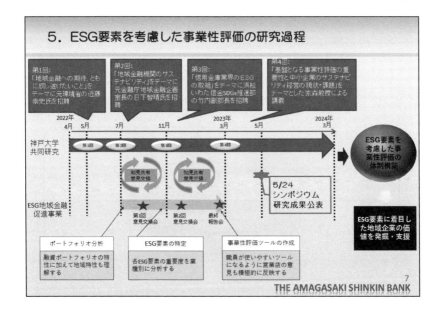

６．考案した事業性評価ツール

	①選択式設問シート	②ESG要素を考慮したローカルベンチマーク	③事業性評価シート
目的	・企業のESGに関する関心度、課題意識、取組状況を簡便に把握する ・ESG目線での対話のきっかけづくり ・ヒアリング結果から地区や産業特性等を分析し、今後のソリューションに活用する	・バックキャスティングの発想で長期的なビジョンを描けるよう支援する ・営業職員のESGに関する対話ノウハウの蓄積 ・SDGsパッケージへのアプローチツールとして活用	・各企業のESG分野に関する取組を詳細かつ具体的に評価する ・地域へのインパクトという観点から評価を実施する ・SDGs宣言目標を経営に統合（戦略へ落とし込み）する ・ESG課題の解決に向けた伴走支援ツールとして活用
実施形式	・アンケート形式 ・企業に配布し回答・提出いただく	・既存のロカベンのヒアリングの際に、ESGに関する対話を追加して実施	・職員がヒアリングを実施し、ヒアリングで集めた情報を元に職員が記入
対象企業	・全企業	・対話を通じて事業性評価する先	・SDGsサービスパッケージ申込先 ・ESGの取組に特に意欲的な企業
庫内体制	・営業店職員：配布、ヒアリング ・本部職員：結果の集計および分析	・通常のローカルベンチマークの運用と同様	・営業店職員：ヒアリング、記入 ・本部職員：フィードバック、ソリューション提案、ヒアリング補助

8

６－① 選択式設問シート

- 企業のESGに関する関心度、課題意識、取組状況を簡便に把握する
- ESG目線での対話のきっかけづくり
- ヒアリング結果から地区や産業特性等を分析し、今後のソリューションに活用する

1. 業種の把握

2. ESG・SDGs全般に関する関心度

3. 具体的なESG要素に関する取組状況（選択式）
   各項目は事業性評価シートと整合性を確保
   ※事業性評価シートの対話のきっかけすることを想定

4. 各ESG要素に対する課題意識（選択式）
   ESG要素のうち特に課題意識の高い項目を3つ選択

5. 具体的なESG要素に関する取組状況（自由記述）

9

6-② ESG要素を考慮したローカルベンチマーク

- バックキャスティングの発想で長期的なビジョンを描けるよう支援する
- 営業職員のESGに関する対話ノウハウの蓄積
- SDGsパッケージへのアプローチツールとして活用

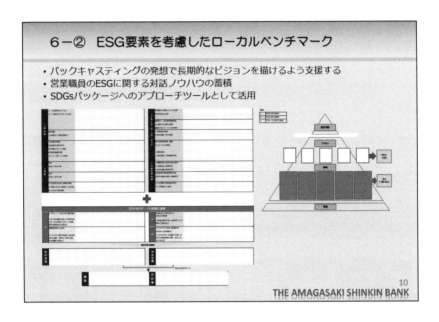

6-② ESG要素を考慮したローカルベンチマーク

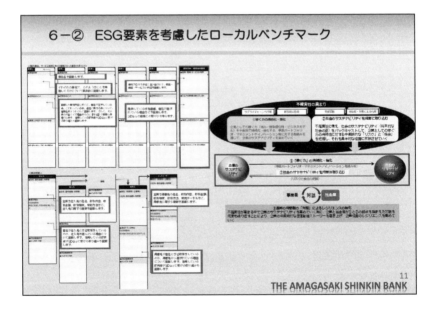

6−③ ＥＳＧ事業性評価シート

- 各企業のESG分野に関する取組を詳細かつ具体的に評価する
- 地域へのインパクトという観点から評価を実施する
- SDGs宣言目標を経営に統合（戦略へ落とし込み）する

実施STEP	実施概要
STEP1 サプライチェーンの把握	同一業種でもサプライチェーンによって取り組むべきESG課題は異なる可能性がある。まずはお取引先がサプライチェーン上のどこを担っているのか、主要な取引先はどのような企業なのかを把握する。
STEP2 ESG課題の把握	STEP1を基にお取引先の事業にとって優先度の高いESG課題を「事業への影響度」「地域社会・環境への影響度」から分析する。それら優先度の高い課題に対する企業の"関心度"と"取組状況"をヒアリング等を通じて把握する。それらの情報を基にその企業の持続可能性および課題を分析する。
STEP3 伴走支援	STEP2で分析した課題とお取引先の関心度・取組状況をもとに当金庫として提供可能な伴走支援策を検討する。

12

THE AMAGASAKI SHINKIN BANK

6−③ ＥＳＧ事業性評価シート

- STEP1　サプライチェーン分析

13

THE AMAGASAKI SHINKIN BANK

6−③ ESG事業性評価シート

- STEP2　ESG課題の把握

観点	E課題との関連	項目 事業別	インパクト分析（概要） 地下又は事業分野、サプライチェーンのどこに負荷がかかるかは、事業内容や分野の規模によって違うが、すべき論点は変わる。	関心度の把握 事業で設定している目標や管理しているかどうか。	取組状況の把握		課題分析 左を踏まえて、課題性ならびに取り組みを要する。
					オリーガス	具体的な取組/成果（アウトカム）	
E	CO2排出量削減	○					
	再生可能エネルギーの利用	○					
	環境マネジメントシステム	○					
	環境配慮製品の製造	○					
	水の管理	○					
	生物多様性	●					
	廃棄物の管理	○					
	リサイクルに関する取組	○					

7．ESG要素を考慮した事業性評価に基づく伴走支援体制

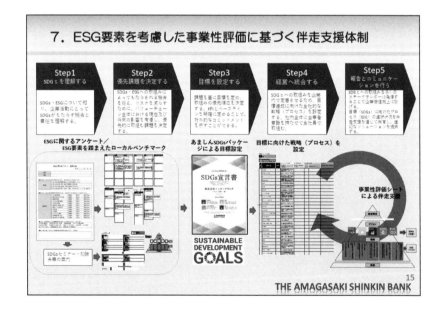

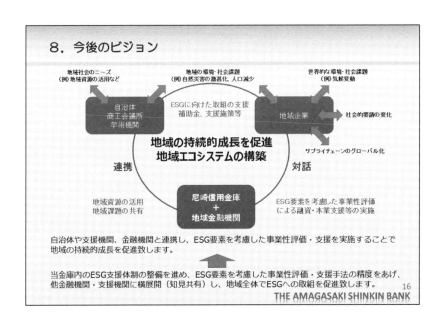

参考資料

2023年 5 月24日
環境省環境経済課環境金融推進室　今井 亮介

カーボンニュートラルは、中小企業にどのような影響を及ぼすのか

１．グローバルなESG金融の動き

- ・　グリーンとされるものへの太い資金の流れ
- ・　グリーンとされないものからの転換を促す対話等

２．金融の動きに呼応した大企業の動き

- ・サプライチェーンの頂点たる大企業は、グリーンな行動を求められる
  その際、自社のみならず、調達（上流）・販売（下流）双方を含む、
  「**スコープ３対応**」を求められる

⇒　サプライチェーン全体、**中小企業**に、グリーンな行動が求められる

1

中小企業が脱炭素経営に取り組むメリット

1 競争力の強化
取引先や売上拡大
他社より早く取り組むことで「脱炭素経営が進んでいる企業」や「先進的な企業」という良いイメージを獲得できます。

2 光熱費・燃料費の低減
年々高騰する原料費の対策にも。企業の業種によっては光熱費が半分近く削減できることもあります。

3 知名度・認知度向上
環境に対する先進的な取り組みがメディアに取り上げられることも。お問い合わせが増えることで売上の増加も見込めます。

4 社員のモチベーション・人材獲得力向上
サステナブルな企業へ従事したい社員数は年々増加しています。自社の社会貢献は社員のモチベーションにつながります。

5 好条件での資金調達
企業の長期的な期待値を図る指標として、脱炭素への取組みが重要指標化しています。

2

中小企業は、何をすればよいのか

ステップ（1）
○自社のCO₂排出量の見える化 ：把握し、開示する

・中小企業のScope1、Scope2排出量の把握が、サプライチェーン全体の
排出量把握につながる
・まずは、日商「CO2チェックシート」の活用を！

ステップ（2）
○自社のCO₂排出量の削減 ：削減方法を特定し、対策を打つ

・経営改善の追求と一体で　→ 省エネ（経営課題の解決with省エネ）
・脱炭素時代の競争優位を　→ エネルギー転換（ガス、再エネ、水素等）

3

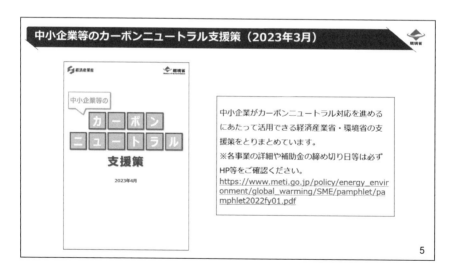

脱炭素経営に関する各種ガイドブック

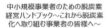

中小規模事業者のための脱炭素経営ハンドブック～これから脱炭素化へ取り組む事業者の皆様へ～	・ これから脱炭素経営の取組をスタートする中小規模事業者を対象に、脱炭素経営のメリット及び取組方法について「知る」「測る」「減らす」の３ステップで解説。 ・ 併せて参考ツールとして企業の取組事例（計28社）を別途掲載。また脱炭素経営についてポイントを簡単に解説したパンフレットも新規追加。	
SBT等の達成に向けたGHG排出削減計画策定ガイドブック2022年度版	・ 企業が中長期的視点から全社一丸となって取り組むべく、成長戦略としての排出削減計画の策定に向けた検討の手順、視点、国内外企業の事例、参考データを整理。Scope3排出削減の肝となるサプライヤーとの排出削減に関連した解説を拡充。 ・ また企業の取組事例（計19社）を別途掲載。	
TCFDを活用した経営戦略立案のススメ～気候関連リスク・機会を織り込むシナリオ分析実践ガイド2022年度版～	・ TCFD提言における11の推奨開示項目のうち、企業が特に対応を悩む"シナリオ分析"に焦点を当て解説。全セクターを対象としており、幅広いセクターの事例（国内外計43社）や参考パラメータ・ツールも掲載 ・ TCFD提言を取り巻く最新の国内外動向や事業インパクト評価に関する算定イメージや算定パターンの具体例を追加。	
インターナルカーボンプライシング活用ガイドライン～企業の脱炭素・低炭素投資の推進に向けて～（2022年度版）	・ 企業の経営層や環境関連部署の担当者を読者と想定し、脱炭素の取組を推進する手法の一つであるインターナルカーボンプライシング（ICP）導入時のポイント・実施方法について解説。 ・ ICPの実践において検討すべき内容を具体化し、令和４年度 環境省支援事業（4社）を通じた取組事例を追加。	

6

※ガイドブックの全文はこちらのウェブサイトに掲載しています：http://www.env.go.jp/earth/datsutansokeiei.html

---

環境省の今後の取組

地域ぐるみでの支援体制構築

○地域金融機関、商工会議所等の経済団体など（支援機関）の人材が、中小企業を支援する支援人材となるための説明ツールの提供やセミナー等開催による育成、人材バンクの活用を含めた専門機関とのマッチング支援（地域ぐるみでの支援体制構築に向けたモデル事業を実施）【R5新規】

○環境省が認定する資格制度の合格者が中小企業へ助言ができるよう、脱炭素化アドバイザー資格制度の認定事業を実施【R5新規】

Green Value Chain促進ネットワーク
（2023年4月よりリニューアル）

脱炭素経営促進ネットワーク会員企業：179社
（2023年3月1日時点）

地域ぐるみでの支援体制構築（イメージ）

脱炭素アドバイザー資格制度の認定（イメージ）

7

令和４年度地域におけるESG金融促進事業委託業務　採択先一覧

- 地域金融機関に対し、地域課題の解決や地域資源を活用したビジネス構築等の支援を行うことにより、ESG地域金融の取組促進を目的とする。
- 昨年度採択した8案件（10金融機関）の支援を通じて、『ESG地域金融実践ガイド2.2』を3月末に公表。
- 令和５年度も地域金融機関から取組を公募の上、支援を実施予定。（公募期間：５月８日～５月31日）

尼崎信用金庫
環境に配慮するESG要素を考慮した事業性評価・支援体制の構築

第四北越銀行
新潟県燕三条地区におけるサプライチェーン全体での生産性向上を通じた脱炭素化支援

群馬銀行
自動車サプライヤーのサステナビリティ向上に向けた地域と連携した支援策の検討

愛媛銀行
伊予銀行
三井住友信託銀行
松山支店
地域特性を活かしたESG金融の構築

千葉銀行
SAFのサプライチェーン構築を通じた県内産業の活性化

福岡ひびき信用金庫
北九州市と地域支援団体との連携によるESGを考慮した伴走型支援の実践

碧海信用金庫
ものづくりを中心とした地域課題支援の課題について

静岡銀行
地域におけるインパクト可視化およびインパクト測定・マネジメント（IMM）体制の確立

※ESG地域金融実践ガイド2.2　https://www.env.go.jp/press/press_01375.html

8

地方環境事務所　地域脱炭素創生室

- 地方環境事務所は、全国に８カ所設置されている環境省の地方機関
- 令和４年４月、各地方環境事務所長直轄の「地域脱炭素創生室」を創設

<地域脱炭素創生室の取組>
- 脱炭素・持続可能な地域づくりに向けて、国と地域の架け橋になる（地域のお困り事を共有し、施策に反映）
- 地域のステークホルダーとの連携を推進
  （自治体・企業・金融機関・地方支分部局等）
- 地域脱炭素の取組の立ち上がりから実行まで伴走支援
  （脱炭素先行地域、重点対策等の案件形成含む）
- 国の支分部局と連携した合同の予算説明会や、各地域のニーズに即したセミナー等を開催

9

尼崎信用金庫
THE AMAGASAKI SHINKIN BANK

参 考 資 料

2023年5月24日

尼崎信用金庫　理事長　作田　誠司

1

『あましん緑のプロジェクト』　　　🔽 尼崎信用金庫

「あましん緑のプロジェクト」の一環として、定額積立定期預金【どんぐりの木】を発売。

植樹する為の苗木2本を2年間の預入期間中に育ててもらい、満期後に育ててもらった苗木を当庫主催の植樹祭で植樹しようという企画を立案。

尼崎21世紀の森づくりの活動として、「あましん活動の森」を中心に、役職員による除草・間伐活動や、地域の皆さまと役職員による植樹活動「あましん植樹祭」を実施。

『あましんグリーンプレミアム』 尼崎信用金庫

環境改善に寄与する地域の皆さまの優れた技術や製品・工法、アイデアにスポットをあて表彰することで、新技術の開発や環境文化の創造につなげることを目的に創設

3

『あましんSDGs宣言』 尼崎信用金庫

『あましんSDGs宣言』の重点項目

 地域経済の活性化と持続的発展

質の高い金融サービスの提供を通じて地域経済の活性化に努めるとともに、「考動提案・支援育成型」のコンサルティング機能の発揮により地域における創業や事業拡大等を支援することで、地域経済の持続的発展に貢献する。

 魅力ある地域社会づくりのへの貢献

芸術・文化の発信基地として、地域の金融教育、芸術・文化支援活動を積極的に行うことで魅力ある豊かなまちづくりに貢献する。

 環境保全の永続的な取り組み

環境負荷低減に取り組むとともに、「環境保全に寄与する金融サービス」を活用した環境配慮型企業・環境分野へのサポート、ならびに環境保全に取り組む個人・団体への助成等、環境文化の創造により地域の自然環境の維持・保全に貢献する。

4

『TCFD提言への取組』　💠尼崎信用金庫

ガバナンス

■環境・社会に係る機会およびリスクへの対応方針・取組状況
・総合リスク管理委員会で審議・評価
・必要に応じて理事会に報告する体制を構築

■気候変動を含むSDGsの取り組み
・総合企画部が中心となって組織横断的に取り組む

戦略

■機会
・脱炭素社会への移行やSDGsに取り組む企業への支援を通じて持続可能な地域経済の発展に寄与
・気候変動に関するお客さまのニーズを適切に把握し課題解決に向けた支援の実施

■リスク
【物理的リスク】
・台風や洪水等の発生による取引先の事業活動、財務への影響や当金庫営業店等の損壊
・海面上昇等に伴う、担保物件の価値減少
【移行リスク】
・脱炭素社会移行により、取引先の財務や事業継続への悪影響が顕在化
・当金庫の気候変動への取り組みとステークホルダーの期待に乖離が発生

リスク管理

■気候変動に起因するリスク
・当金庫の経営に与える影響について、統合的リスク管理の枠組みの下で管理する体制を構築

指標・目標

■目標・指標
・2030年度末までにCO2排出量50%減（2013年度対比）
・2050年度末までにCO2排出量実質ゼロ

7

古川直行兵庫県信用保証協会
理事長資料

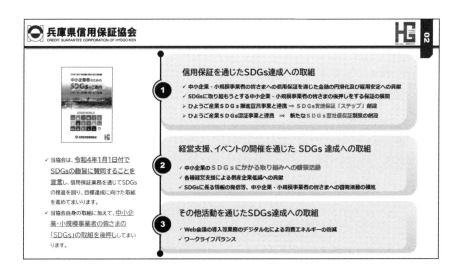

兵庫県信用保証協会
CREDIT GUARANTEE CORPORATION OF HYOGO-KEN

中小企業者が**SDGs**に取り組むメリット

● **顧客・取引先との良好な関係**

SDGsに取り組むことで顧客は安心して自社商品を購入でき、取引先からの信頼も得られる。

他社との差別化 ●

SDGsに取り組む中小企業者はまだ少ない。大企業が取引先を選ぶ条件になることもあり、新たな販路を開拓する力になる。

中小企業が
SDGsに取り組む
メリット

● **新たな事業機会の獲得**

SDGsは世界共通の考えで国や業種を問わず連携が可能。
自社の強みが新たなビジネスを生み出す機会になることも。

人材の確保 ●

SDGsで企業イメージや労働環境が向上することで離職率が減り、入社希望者も増える。

● **資金調達が有利に**

SDGsに取り組む企業に対する金融機関からの資金調達が有利になることがある。

兵庫県信用保証協会
CREDIT GUARANTEE CORPORATION OF HYOGO-KEN

兵庫県融資制度 新規開業貸付（経営者保証免除）

創業期の環境型ベンチャー企業への「経営者保証免除」による長期運転資金

レラテック 株式会社

事 業 所　神戸市東灘区深江南町5-1-1(神戸大学深江キャンパス内)

創　　業　令和2年11月

事業内容　風力発電にかかる風況観測・数値シミュレーション・データ解析等、風力発電を行う民間企業に対するコンサルティング等

✓ 神戸大学発の研究開発型ベンチャー企業
✓ 神戸大学院 海事科学研究科 海洋・気象研究室と連携（産学連携）
✓ 再生可能エネルギーに風力発電が期待
✓ 日本でも有数の洋上風力の高いノウハウ

キーワード：スタートアップ促進、創業融資での長期資金の供給、経営者保証免除、神戸大学発ベンチャー

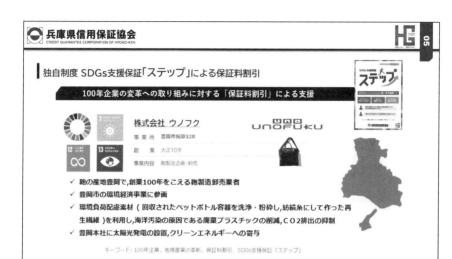

独自制度 SDGs支援保証「ステップ」による保証料割引

100年企業の変革への取り組みに対する「保証料割引」による支援

株式会社 ウノフク

UNOFUKU

事 業 所　豊岡市祝原328
創　　業　大正10年
事業内容　鞄製造企画・卸売

✓ 鞄の産地豊岡で,創業100年をこえる鞄製造卸売業者
✓ 豊岡市の環境経済事業に参画
✓ 環境負荷配慮素材（回収されたペットボトル容器を洗浄・粉砕し,紡績糸にして作った再生繊維）を利用し,海洋汚染の原因である廃棄プラスチックの削減,CO2排出の抑制
✓ 豊岡本社に太陽光発電の設置,クリーンエネルギーへの寄与

キーワード：100年企業、地場産業の革新、保証料割引、SDGs支援保証「ステップ」

神戸大学・尼崎信用金庫共同研究成果発表

神戸大学経済経営研究所 地域共創研究推進センター開設記念 公開シンポジウム

「地域の持続的発展と金融機関の役割
―ESG地域金融の取り組み」

「地域の持続的発展のために地域金融は何ができるのか」

兵庫県阪神北県民局長　　　　宮口　美範
神戸大学経済経営研究所客員教授

1　兵庫県のSDGs推進に向けた取組

(1)　地域の脱炭素化に向けたグリーンボンド

(2)　ひょうご産業SDGs認証事業

(3)　じばさん兵庫SDGs推進事業

①

（1）地域の脱炭素化に向けたグリーンボンド

令和５年度 グリーンボンド発行計画

脱炭素化のさらなる普及の推進

　県内外の投資家からの賛同を踏まえ、R5年度も県単独債を引き続き発行するとともに、新たに他団体との共同発行や県民債を活用し、さらなる脱炭素化機運を醸成

①県単独での発行 【継続】

■ 法人投資家向けグリーンボンドを継続発行

	発行概要	
	5年満期一括債	10年満期一括債
発行年限	5年満期一括債	10年満期一括債
発行金額	100億円	100億円
表面利率	未定	未定
条件決定	最速6月	
	みずほ証券（事務）	
	SMBC日興証券	
主幹事	野村證券 東海東京証券	大和証券 岡三証券
第三者評価	本債券の発行に際し、資金使途などを明記した発行の枠組み（グリーンボンド・フレームワーク）を策定し、第三者機関である（株）日本格付研究所より、国際資本市場協会（ICMA）によるグリーンボンド原則及び環境省グリーンボンドガイドライン2022年版への適合性に関する評価を受領	
購入対象	法人投資家	

②道府県等と共同での発行 【R5新規】

■ 全国の道府県・政令市と共同で、新たに法人投資家向けグリーンボンドを発行

③県内市町と共同での個人向け債券の発行（グリーンボンドとして全国初）【R5新規】

■ 県内市町と連携し、新たに共同発行形式の個人向けグリーンボンドを発行
- 参加団体：15団体
  県、姫路市、尼崎市、豊岡市、加古川市、西脇市、三木市、小野市、加西市、南あわじ市、淡路市、加東市、多可町、香美町、新温泉町
- 発行額：20億円程度
- 発行時期：R5年夏以降

【グリーンボンドの購入対象の拡大】

対象	R4年版	R5年度
法人投資家向け	個別債	①継続発行
		②道府県等との共同発行
個人向け		③県内市町との共同発行

②

グリーンボンドの資金使途

事業区分	資格プロジェクト例	
汚染防止及び抑制 再生可能エネルギー	【下水汚泥広域処理場整備事業】 ➤ 汚泥有効利用施設整備によるバイオガスの生成・下水汚泥の固形燃料化	汚泥有効利用施設の整備
エネルギー効率 再生可能エネルギー	【県有施設の照明のLED化・空調設備の更新・太陽光発電設備の導入】 ➤ 特別支援学校（新設）における、空調設備・LED照明の整備、太陽光発電設備の導入 ➤ 公園施設における、空調設備の更新、園路照明のLED化 ➤ トンネル照明・道路情報提供のLED化 ➤ 信号機のLED化	信号機のLED化
気候変動への適応	【河川改修】 ➤ 地域総合治水計画等に基づく治水対策の推進を目的とした河川改修 【治山・砂防・土砂対策】 ➤ 山地・保安林の災害復旧 ➤ 土砂災害防止施設（治山ダム・砂防堰堤等）の整備 【法面防災対策】 ➤ 緊急輸送道路が被災した場合に社会的影響が大きい箇所における、豪雨災害時に備えた落石防護柵や落石防止ネットなどの整備 【ため池防災対策】 ➤ 豪雨時の防災・減災対策を目的とした経年劣化による漏水や変形等が生じている農業用ため池の改修や廃止工事 【高潮対策】 ➤ 激甚化する高潮対策を目的とした防潮堤の嵩上げや胸壁整備	治水対策の推進（河川改修） 土砂災害防止施設（治山ダム）の整備
生物自然資源及び土地利用に係る環境持続型管理	【森林整備】 ➤ 土砂災害防止や温室効果ガスの吸収といった、森林の持つ多面的機能の高度発揮に必要な間伐等の実施 【林道整備】 ➤ 木材生産活動や森林の適正な維持・管理に必要な林道の整備	森林の多面的機能発揮のための間伐等の実施
陸上及び水生生物の多様性の保全	【コウノトリの生息環境整備】 ➤ ため池の浅瀬造成やビオトープなどコウノトリが生息できる環境づくり	コウノトリが生育できる環境づくり

③

(2) ひょうご産業ＳＤＧｓ認証事業 【予定】

SUSTAINABLE DEVELOPMENT GOALS

R5当初予算：7,750千円

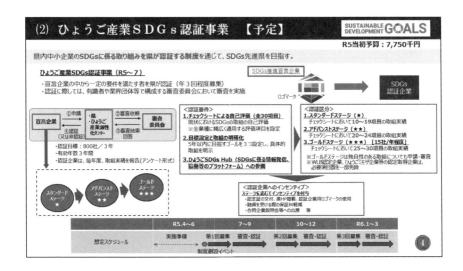

(3) じばさん兵庫ＳＤＧｓ推進事業

R5当初予算：50,000千円

地場産業におけるＳＤＧＳの具体的取組事例

地場産業	取組内容
豊岡かばん	ＳＤＧｓ商品の多様化、新たな再生素材の研究等
ケミカルシューズ	アップサイクル商品の開発及びプロモーション活動
播州織	播州織残糸を再利用した試作開発及びＳＤＧｓ取組動画制作
清　酒	酒造りに係るＳＤＧｓの発信、新製品開発、人材育成
線　香	端材、不良品を再利用した商品の開発

＜豊岡かばん、ケミカルシューズ＞
廃漁網を活用した
アップサイクル商品の開発

⑥

2　今後の取組方向

(1)　ＧＸ推進法の成立

(2)　公民連携により未来へつなぐ
　　　持続可能な兵庫へ

⑦

(1) 脱炭素成長型経済構造への円滑な移行の推進に関する法律案【GX推進法】の成立

背景・法律の概要

令和5年5月12日成立

世界規模でグリーン・トランスフォーメーション（GX）実現に向けた投資競争が加速する中で、我が国でも2050年カーボンニュートラル等の国際公約と産業競争力強化・経済成長を同時に実現していくためには、今後10年間で150兆円を超える官民のGX投資が必要

GX経済移行債の発行

・2023年度（令和5年度）から10年間で、GX経済移行債（脱炭素成長型経済構造移行債）を発行【第7条】
　　※ 今後10年間で20兆円規模。エネルギー・原材料の脱炭素化＋革新的な技術開発・設備投資等を支援
・化石燃料賦課金・特定事業者負担金により償還（2050年度（令和32年度）までに償還）【第8条】

成長志向型カーボンプライシングの導入

・炭素排出に値付けをすることで、GX関連製品・事業の付加価値を向上
　⇒ 先行投資支援と合わせ、GXに先行して取り組む事業者にインセンティブが付与される仕組みを創設

　① 炭素に対する賦課金（化石燃料賦課金）の導入
　・2028年度（令和10年度）から、経済産業大臣は、化石燃料の輸入事業者等に対して、輸入等する化石燃料に由来するCO2の量に応じて、化石燃料賦課金を徴収【第11条】

　② 排出量取引制度
　・2033年度（令和15年度）から、経済産業大臣は、発電事業者に対して、一部有償でCO2の排出枠（量）を割り当て、その量に応じた特定事業者負担金を徴収【第15条・第16条】
　・具体的な有償の排出枠の割当てや単価は、入札方式（有償オークション）により決定【第17条】

⑧

---

(2) 公民連携により未来につなぐ持続可能な兵庫へ

公民連携によるSDGsの推進

■ 「ひょうごSDGs Hub」を活用したSDGsの推進　[R5予算：930万円]
　○ 兵庫県SDGs WEEKの開催　☆10月23日(月)～29日(日)

（ひょうごSDGsシンポジウム（R4.10.24）

水素社会の実現

■ 企業の製造拠点が集積する播磨臨海地域が持つポテンシャルを活かし、官民連携により、播磨臨海地域カーボンニュートラルポート形成計画を策定（令和5年度中頃（予定））

播磨臨海地域の製造品出荷額は全国第2位

播磨臨海地域のポテンシャル

・瀬戸内と関西の結節点
・姫路港は大型タンカーが接岸可能（水深14mの航路、岸壁）

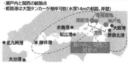

大型タンカー着岸状況（姫路港 来島日田地区）

■ 水素ステーションの整備やFCバスの導入を支援（R5予算：1.0億円）

（姫路水素ステーション）

脱炭素社会の実現と地域経済の活性化の両立に向けた取組を支援

■ 新たなクレジット制度を活用した脱炭素化の促進

■ エネルギー転換の推進

Jクレジット制度を活用した森林管理（宍粟市－宍粟市）

（PPA方式による太陽光発電設備例）

⑨

〈執筆者紹介〉

家森信善	神戸大学経済経営研究所教授・ 同地域共創研究推進センター長	編者・第1章、 第5章、第6章
尾島雅夫	神戸大学経済経営研究所非常勤講師	第2章
高屋定美	関西大学商学部教授	第3章
橋本理博	愛知学院大学商学部准教授	第4章
竹ケ原啓介	株式会社日本政策投資銀行設備投資研究所長	第5章、第6章
田中直也	尼崎信用金庫価値創造事業部部長	第5章
今井亮介	環境省大臣官房環境経済課環境金融推進室長 （登壇当時）	第6章
作田誠司	尼崎信用金庫理事長	第6章
古川直行	兵庫県信用保証協会理事長	第6章
宮口美範	阪神北県民局長　前兵庫県産業労働部次長 神戸大学客員教授	第6章
荒木千秋	大阪電気通信大学特任講師	第5章、第6章

未来を拓く ESG 地域金融
持続可能な地域社会への挑戦

2024 年 3 月 15 日　初版第 1 刷発行

編者―――家森信善

発行―――神戸大学出版会
〒 657-8501 神戸市灘区六甲台町 2-1
神戸大学附属図書館社会科学系図書館内
TEL 078-803-7315　FAX 078-803-7320
URL: https://www.org.kobe-u.ac.jp/kupress/

発売―――神戸新聞総合出版センター
〒 650-0044 神戸市中央区東川崎町 1-5-7
TEL 078-362-7140 ／ FAX 078-361-7552
URL:https://kobe-yomitai.jp/

印刷／神戸新聞総合印刷

地域金融機関による企業支援の新しい展開 ————

事業性評価に基づく人材マッチングの可能性を探る　　家森信善　編

◇目次

◎本体価格 2,700 円　　発行：神戸大学出版会　ISBN978-4-909364-24-1